Margot Käßmann

In der Mitte des Lebens

W0175132

Das Buch

Mit dem fünfzigsten Geburtstag spätestens ist klar: Die Mitte des Lebens ist erreicht, rechnerisch vermutlich bereits überschritten. Und die Frage ist: Was war bisher? Was habe ich noch vor?

In ihrem Bestseller geht Margot Käßmann diesem Lebensgefühl auf den Grund und hilft, den eigenen Standpunkt klarer einzunehmen. In zehn Kapiteln greift sie Themen auf, die sich mitten im Leben stellen: Jugendlichkeit und Älterwerden, Familie, Freundschaft und Alleinsein, Schönheit und Scheitern, Krankheit und Glück, Grenzen und Kraftquellen, Routine und Veränderung. Dabei orientiert sich Margot Käßmann am christlichen Glauben, der ihr selbst Halt gibt, blickt mit Gelassenheit und Leidenschaft auf die ebenso schöne wie harte Wirklichkeit des Lebens und vermittelt eine nachdenkliche, zuversichtliche Gewissheit. Ein Buch für alle, die ihr Leben und die Welt nicht dem Zufall überlassen möchten.

Die Autorin

Margot Käßmann, Dr. theol., Dr. h. c., geb. 1958, ist die bekannteste Theologin Deutschlands. Sie war von 1999 bis 2010 Bischöfin der größten evangelischen Landeskirche in Hannover und 2009/2010 Ratsvorsitzende der Evangelischen Kirche in Deutschland. Seit April 2012 Botschafterin der EKD für das Reformationsjubiläum 2017. Davor war sie Gemeindepfarrerin, Studienleiterin der Ev. Akademie Hofgeismar und Generalsekretärin des Deutschen Evangelischen Kirchentags. Zahlreiche Publikationen. Margot Käßmann ist Mutter von vier erwachsenen Töchtern.

Margot Käßmann

In der Mitte des Lebens

HERDER

FREIBURG · BASEL · WIEN

HERDER spektrum Band 6600

MIX
Papier aus verantwor-
tungsvollen Quellen
FSC® C083411

Originalausgabe
© Verlag Herder GmbH, Freiburg im Breisgau 2009

Für die Taschenbuchausgabe
© Verlag Herder GmbH, Freiburg im Breisgau 2013
Alle Rechte vorbehalten
www.herder.de

Umschlagkonzeption: Agentur RME Roland Eschlbeck
Umschlaggestaltung: Verlag Herder
Umschlagmotiv: © Monika Lawrenz

Herstellung: CPI – Clausen & Bosse, Leck

Printed in Germany

ISBN 978-3-451-06600-9

Meinen Freundinnen gewidmet,
die hier alle in irgendeiner Weise vorkommen.
Danke für eure Begleitung und für eure Ermutigung.

Inhalt

Vorwort

»Kannst du mir mal sagen, warum du das hundertste Buch zu diesem Thema schreiben willst?«, fragt meine Freundin kritisch, als ich ihr beim Strandspaziergang erzähle, womit ich mich gerade beschäftige. »In der Mitte des Lebens« – ja, warum dazu schreiben? Zum 50. Geburtstag habe ich selbst mehrere Bücher geschenkt bekommen zum Lebensgefühl von Frauen, die »mittendrin« sind, nicht mehr jung und noch nicht alt. Ein Freund, der uns auf dem Spaziergang begleitet, sagt: »Für Männer gibt es so etwas nicht, die wollen sich nicht lange damit beschäftigen, schließlich geht's dabei ums Älterwerden – lieber eine schnelle Diagnose und dann weiter«. Ist es also ein Buch (nur) für Frauen?

Ich schreibe vor allem als Theologin zu diesem Thema. Der erste Anlass, mich damit zu beschäftigen, war ein Vortrag, den ich beim Deutschen Psychotherapeutenkongress in Aachen im Februar 2002 gehalten habe. Damals habe ich, nachdem eine Soziologin und ein Psychotherapeut gesprochen hatten, eine christliche Perspektive auf die Lebensmitte zu entwerfen versucht. Das war für mich in der Vorbereitung spannend und für die Anwesenden offenbar eine interessante neue Sichtweise. Dazu kommt, natürlich, auch ein persönlicher Blick. In den vergangenen Jahren habe ich selbst immer wieder über diese ominöse Mitte nachgedacht, habe diesem Lebensgefühl nachgespürt und wurde auch von anderen danach befragt: Wie erlebst du die Lebensmitte? Biografisch war sie bei mir geprägt durch deutliche Einschnitte, eine Krebserkrankung mit achtundvierzig und die Scheidung mit neunundvierzig nach sechsundzwanzig Jahren Ehe. Es hat mich gestört, dass die Lebensmitte einer Bischöfin gerade in den Anfechtungen für andere zum öffentlichen Diskussionsthema wurde. Aber ich habe auch gelernt: Es geht dabei oft um die Frage, was dieses Thema theologisch bedeutet – gibt es christliche Zugänge? So fließen auch Erfahrungen aus dem Amt als Bischöfin wie aus dem persönlichen Erleben ein. Beides ist in einem Beruf, der »Profession« (Isolde Karle) ist, ohnehin eng verbunden.

Und dann sind da schließlich einfach diese 50. Geburtstage um mich herum; es wurden viele Freundinnen und Freunde, meine Schwestern und Bekannte in letzter Zeit fünfzig, oder sie werden es demnächst. Was macht man mit diesem Geburtstag? Für mich kam der Tag im Sommer 2008. Zunächst wollte ich ihn einfach vorüberziehen lassen, aber dann habe ich gemerkt, wie sehr der 50. doch als Zäsur empfunden wird. Keine und keinen lässt dieses Datum kalt. Die einen feiern ein rauschendes Fest, andere bemühen sich, den besonderen Geburtstag so normal wie möglich zu begehen, und wieder andere versuchen ihn zu übergehen, fahren weit weg und vermeiden die Feier. Aber gleich, welcher Weg gewählt wird: Die Fünfzig ist eine besondere Zahl, das habe ich inzwischen verstanden.

Nun verläuft jedes Leben anders. Was gibt es also Allgemeines zu sagen, zur »Mitte des Lebens«? Die einen leben allein, waren nie verheiratet oder sind geschieden oder verwitwet. Die anderen leben in einer langjährigen Partnerschaft oder in zweiter oder dritter Ehe zusammen. Die einen sind noch voll berufstätig, vielleicht auf der Suche nach neuen Stellenangeboten, andere beginnen freiwillig oder gezwungenermaßen, den Abschied vom Berufsleben in den Blick zu nehmen. Die einen werden Großeltern, die anderen haben noch kleine Kinder, wieder andere sind kinderlos. Biografien heute sind äußerst vielfältig.

Und die Lebensläufe von Männern und Frauen sind oft noch sehr grundsätzlich verschieden. Für Frauen ist das Thema Mutterschaft mit fünfzig zum Beispiel endgültig beantwortet, Männer können auch danach noch Vater werden. Mancher Mann bricht mit fünfzig neu auf, gründet eine neue Familie – das ist eine Option, die Frauen so nicht offensteht. Die Wahrscheinlichkeit, dass eine Frau um die fünfzig noch eine neue Partnerschaft beginnt, ist deutlich geringer als für einen Mann, weil es immer noch schlichte Normalität ist, dass Männer eine Bindung zu (teilweise erheblich) jüngeren Frauen eingehen. Das ist umgekehrt bei Frauen – auch wenn es inzwischen wahrnehmbare Ausnahmen gibt – eher selten. Und so ist ganz einfach die Auswahl an potenziellen Partnern für ältere Frauen geringer. Gleichzeitig wird eine Generation von Frauen fünfzig, die in größerer Freiheit und Selbstbestimmung in unserem Land lebt, als das je zuvor der Fall war.

Bei aller Verschiedenheit aber scheint der 50. Geburtstag doch für fast alle Menschen ein besonderer Anlass zum Innehalten zu sein. Wahrscheinlich liegt das daran, dass wir mit fünfzig wissen: Das Leben wird ein Ende haben. Mit fünfzig haben wir ja die Lebensmitte längst überschritten, auch wenn wir heute mit einem längeren Leben rechnen können als unsere Eltern und Großeltern. Trotzdem ist fünfzig – sagen wir, als »gefühlte Mitte« – ein besonderer Punkt im Leben. Vielleicht liegt es daran, dass wir nun wirklich und endgültig nicht mehr jung sind. Wir können uns noch so jugendlich geben, 50-Jährige haben den Scheitelpunkt hin zum Alter überschritten. Altsein aber will niemand in einer Gesellschaft, die geradezu fanatisch auf Jungsein fixiert ist. Insofern erleben manche mit fünfzig auch eine erhebliche Krise, die Frage auch, ob es anders hätte sein können, hättest du früher anders entschieden. Viele Lieder drücken das aus. Ich denke an eines von Amy MacDonald, Mr. Rock 'n' Roll, in dem sie singt »I wish I knew you before« (ich wünschte, ich hätte dich früher gekannt) und Menschen in der Mitte des Lebens beschreibt, die trauern, dass sie sich so spät oder auch zu spät begegnen.

Die Mitte ist also voller Spannungen. Mehr als die halbe Wegstrecke ist vorüber, und doch bin ich noch mittendrin, gespannt und ein bisschen bange zugleich, was noch alles kommen wird. Ich habe versucht, diese Spannungen in zehn großen Bögen zu beschreiben. Als Christin weiß ich mein Leben in Gottes Hand, in jedem Alter. Und so gehört für mich zu den Aspekten des Älterwerdens die biblische oder schlicht christliche Perspektive. Dabei geht es nicht um biblische, exegetische oder dogmatische Studien. Es geht mir vielmehr um eine biblisch gegründete Lebenshaltung, von der aus die existenziellen wie die aktuellen Fragen bedacht werden. Und wenn dies ein Buch vor allem für Frauen ist, gilt all das übrigens für Frauen, die Mütter sind, genauso wie für Frauen, die keine Mütter sind. Zwei Single-Frauen haben das Manuskript gelesen, weil ich vermeiden wollte, dass aus diesem Buch aufgrund meiner persönlichen Situation ein reines Mütter-Buch wird; es geht um Frauen in verschiedenen Lebenssituationen, die in dem Alter sind, über die Mitte des Lebens nachzudenken. Beim Schreiben ist mir deutlich geworden, dass Männer sicher vieles anders empfinden, insofern müsste wohl in der Tat ein Mann das Buch für die Männer in der Lebensmitte schreiben …

Ich möchte mit diesem Buch vor allem Mut machen, über die eigene Lebensmitte nachzudenken. Viel zu oft lassen wir Zeit einfach vergehen. In der Mitte des Lebens merken wir: Unsere Lebenszeit ist begrenzt. Wir sind schon eine ganze Strecke gegangen; und es werden noch einige Wege zu gehen sein. In der Mitte ist die Gelegenheit zu bedenken, dass ein Ende kommt – dass wir sterben müssen. Das zu wissen und zu bedenken führt dazu, »dass wir klug werden« (Psalm 90). Auch schon mal zwischendurch ans Ende zu denken, das hat nichts mit Angst zu tun – im Gegenteil, dazu gehört der Mut, das Leben bewusst wahrzunehmen und in all seiner Endlichkeit das Glück zu entdecken und die begrenzte Zeit mit Lebenslust und mit Lebensklugheit zu feiern. Ich denke, das kann gelingen, zumal aus christlicher Perspektive der Tod nicht das letzte Wort hat. Da ist an Ostern das Ende ja gleichzeitig ein neuer Anfang.

Die Kapitel dieses Buches sind sehr verschieden. Manches Thema habe ich von einem biblischen Text aus betrachtet, andere von Tagebucheintragungen her, wieder andere durch Briefe oder schlicht Erzählungen. An einzelnen Stellen habe ich zurückgegriffen auf Texte, die ich in anderem Zusammenhang geschrieben habe. Auch ist die Struktur der einzelnen Kapitel nicht gleichförmig, sondern spiegelt eher etwas von der Buntheit und Vielfalt des Lebens. So ist ein Buch entstanden, das nicht in einem Durchgang gelesen werden muss, sondern hier und da eine Möglichkeit bietet, mit den eigenen Überlegungen zur Mitte des Lebens anzuknüpfen und sie zu vertiefen. Denn jede Frau nimmt unterschiedlich wahr, befindet sich in einem anderen Umfeld – und doch gibt es ein gemeinsames Grundgefühl in diesem Alter, denke ich, das sich aus christlicher Perspektive betrachten lässt.

Die Mitte finden

Die Mitte des Lebens erscheint mir in mancher Hinsicht wie ein Balanceakt. Viel Leben liegt schon hinter uns, einige Lebenserfahrungen haben wir gemacht, gute und schlechte. Aber es kommt auch noch Neues, die Spannung ist ja nicht vergangen. Es ist das Gefühl, dass dein Standbein fest steht, du innere Ruhe und Kraft gefunden hast. Aber das Spielbein will auch frei sein, es gibt auch Lust auf Bewegung, auf Neues. Dabei bleibt bewusst, dass die tatsächliche Mitte eigentlich nicht die 50 ist, sondern in aller Regel davor liegt. Aber das Lebensgefühl der Mitte stellt sich offenbar um die 50 herum ein, jedenfalls bei Menschen, die unter so privilegierten Bedingungen wie in Deutschland und Westeuropa aufwachsen.

Wer balanciert, versucht, nicht nach links oder rechts abzugleiten, nicht zu wanken, einen Stand zu finden, fest zu stehen, im Gleichgewicht zu sein und so auch weiterzukommen. Balance ist deshalb ein schönes Bild für diese Lebensmitte, finde ich. Eine Balance, die Kraft gibt und auch Mut macht. Martin Luther war noch jung, als er vor dem Reichstag zu Worms sagte: »Ich stehe hier, ich kann nicht anders. Gott helfe mir. Amen.« Ob diese Sätze wörtlich so gefallen sind, ist umstritten. Aber sie sind sinnbildlich geworden für einen Menschen, der die eigene Mitte gefunden hat, der weiß, wo er steht. Die Balance ist immer wieder Thema dieses Buches, denn in jedem Kapitel geht es darum, sie auszutesten und den festen Stand zu finden in den verschiedenen Anforderungen, die immer wieder auch von außen auf uns zukommen und uns manchmal durchaus ins Wanken bringen.

Kinder loslassen

*Ein Mann hatte zwei Söhne. Der Jüngere von ihnen sagte zum
Vater: Vater, gib mir den Anteil des Vermögens, der mir zukommt.
Da teilte er den Besitz unter sie auf. Wenige Tage darauf packte der
jüngere Sohn alles zusammen und zog fort in ein fernes Land ...* [1]

»Als unser Jüngster aus dem Haus ging«, erzählt eine Freundin,
»das war furchtbar für mich. Ich wollte ja, dass er geht, ich wusste,
er muss gehen, aber es war der Abschied vom Leben als Familie in
unserem Haus, das war mir ganz klar.«

Kinder sind etwas Wunderbares. So habe ich selbst das im
wahrsten Sinne des Wortes erfahren. Meine vier Töchter haben
über ein Vierteljahrhundert mein Leben bestimmt, den Alltag
geprägt, sie sind ein großer Schatz. Immer würde ich sagen: Sie
stehen vor allem anderen, vor beruflichen Verpflichtungen, vor
Beziehungen, Freundschaften. Und doch habe ich in den letzten
Jahren begriffen: Unsere Kinder sind eben nicht die einzige Erfüllung unseres Lebens. Wir müssen sie freigeben. Sie sind eigenstän-
dige Menschen mit eigenen Interessen und Plänen. Klammern ist
kontraproduktiv. Mir selbst fällt das Freigeben leicht, wohl auch,
weil ich manches Mal erschöpft war durch die Doppelbelastung
von Familie und Beruf. Bei anderen erlebe ich, dass es ihnen unendlich schwerfällt, eine neue Mitte zu finden, wenn nicht länger
alles um die Kinder kreist.

Aber auch hier sind die Konstellationen sehr unterschiedlich.
Frauen, die früh Kinder bekommen haben, sind früher frei von
den Verpflichtungen, die das Muttersein mit sich bringt. Eine Frau,
die mit 40 Mutter wird, hat mit 50 gerade erst die Grundschulphase
ihres Kindes oder ihrer Kinder hinter sich und steckt noch eine
Weile im Alltag mit Kindern. Berufstätige Frauen haben es manchmal leichter, den »Auszug« der Kinder schließlich zu verkraften,
weil sie anderweitig gefordert sind. Aber auch Frauen, die nicht berufstätig sind, haben in der Regel viele Felder, in denen sie enga-

giert sind. Für Männer ist diese Phase noch einmal anders. Manche erklären, sich nun stärker der Familie widmen zu wollen – und bemerken, dass die Familie sie gar nicht mehr so sehr braucht. Auch das kann ja Auslöser der so genannten »Midlife-Crisis« sein, kann mit Panik vor dem Altwerden verbunden sein.

Auf jeden Fall bringt das Erwachsenwerden der eigenen Kinder eine erhebliche Veränderung mit sich. Von der Geburt eines Kindes an steht es ja im Mittelpunkt der Zeitplanung seiner Eltern. So wie die Geburt des ersten Kindes das Leben völlig verändert, so eben auch der Auszug des Letzten. Gemeinsame Mahlzeiten fallen weg, die Tagesplanung dreht sich nicht mehr um das Kind. Viele erfahren das als großen Verlust und erleben diese Phase als Abschied, ja als Trauer um die gemeinsame Zeit, die unwiderruflich zu Ende geht.

Andere Eltern machen ganz andere Erfahrungen. In ihrem Buch *Werden Sie wesentlich! Die Frau um die 50* beschreiben Ingke Brodersen und Renée Zucker die Irritation der Kinder darüber, dass die Eltern auch froh sind über die Ablösung:

»Ich kann es in gewisser Weise verstehen, dass die Jungen es mit gemischten Gefühlen sehen, wenn Mami und Papi die Befreiung vom Elternlos feiern, statt in Trauerstarre zu verfallen. Aber so ist es, meine Lieben! Es war schön mit euch, ich bedanke mich für alles, kein Jahr davon möchte ich missen, ihr werdet mir fehlen. Aber derzeit blicke ich freudig nach vorn: nicht mehr täglich abends kochen, keine Berge von Wäsche mehr, keine Einkaufsorganisation, kein Warten mehr, dass endlich die Dusche wieder frei wird ...[2]«

Offenbar also kann das Ende der Zeit der Kindererziehung auch als große Befreiung erlebt werden. Ich selbst bin da hin- und hergerissen. Einerseits trauere ich um die Zeiten des großen Haushalts, in denen der Kühlschrank immer dicht gefüllt war, in denen es eigentlich nicht darauf ankam, ob zwei Schulfreundinnen zusätzlich zum Essen mitkamen, in denen die Betten im Haus alle gebraucht wurden. Manchmal gehe ich heute mit Wehmut durch die Zimmer meiner vier Töchter. Sie haben alle ein Zimmer behalten, die Jüngste wohnt auch noch bei mir, aber es ist anders geworden. Sie kommen halt ab und an zu Besuch, haben ihre eigene Wohnung, in der sie sich wohlfühlen, haben ihre Lieblingsmöbel und Lieblingsstücke mitgenommen, zurückgelassen ist das, was nicht so wichtig ist, nicht dringend gebraucht wird. Und doch bin ich froh, dass sie ihr eigenes Leben leben, zufrieden sind, Partner gefunden haben und Themen, die sie interessieren. Und ich bin auch manchmal froh, entlastet zu sein von der pausenlosen Verantwortung. Keine Schulelternabende mehr, keine Entschuldigungen schreiben, nicht Sorge tragen, dass Klavier geübt wird und die französischen Vokabeln gekonnt werden. Keine Deutschaufsätze mehr gegenlesen, nicht mehr an den Impftermin denken, und so weiter ... Und abends mal nach Hause kommen, niemand erwartet mich dringend. Sich einfach in den Sessel sinken lassen, ein Glas Wein trinken und die Ruhe genießen. Vielleicht ist das schlicht auch eine Altersfrage. Die Natur hat es doch irgendwie gut eingerichtet, oder sagen wir die Schöpfung, dass wir die manchmal ja auch nervenaufreibende Zeit der Kindererziehung mit Mitte 50 hinter uns haben. Schlaflose Nächte wegen Bauchschmerzen oder weil die Kinder nicht pünktlich nach Hause kommen jedenfalls erspare ich mir ganz gern!

Ich bemerke an mir selbst auch mit Interesse, dass ich mich in dieser Lebensphase jenseits der Mitte wieder stärker Menschen annähere, die keine eigenen Kinder haben. Wer kleine Kinder hat, ist anders gefordert als Menschen ohne Kinder, da gibt es Phasen, in denen wenig gemeinsam gestaltet werden kann. Dabei hat mich der Gedanke des Zoologen Clinton Richard Dawkins bewegt, der beschreibt, dass biologische Eltern Gene weitergeben, klar, dass aber die Gesellschaft insgesamt, also auch die Kinderlosen, »Meme« weitergibt: ein Bewusstsein für die Kultur und Tradition, für die Werte einer Gesellschaft. Mich fasziniert dieser Gedanke, weil er biologische Eltern und solche, die es nicht werden konnten oder wollten, einander in einer gemeinsamen Aufgabe näher bringt. Wir sind gemeinsam verantwortlich für die Weitergabe der Meme, der Kultur, der Tradition, der Werte unserer Gesellschaft, ja, auch unseres Glaubens. Das wird noch bewusster, wenn die eigenen Kinder in ein eigenständiges Leben aufbrechen.

Gewiss lässt Loslassen sich nicht verordnen. Und wenn Eltern beim Abschied von der Lebensphase mit ihren Kindern Trauer überfällt, ist das auch nicht locker wegzureden. Denn in der Tat geht ein Lebensabschnitt unwiederbringlich vorbei. Es hilft nichts, das zu ignorieren. Aber es kann eine Balance gefunden werden, wenn außer dem Verlust auch die neue Freiheit gesehen wird; denn es kann ja eine Freiheit entstehen, die Raum schafft für Neues. Meine Erfahrung jedenfalls ist: Je mehr ich loslassen konnte, desto stärker haben sich meine Kinder auch wieder angenähert, bis dahin, dass nach Jahren getrennter Urlaube meine vier Töchter alle samt Freunden im letzten Sommer mit nach Frankreich gekommen sind und wir 14 wunderbare und nahezu konfliktfreie Ferientage gemeinsam in einem Haus in Frankreich miteinander hatten. Ich habe das ungeheuer genossen.

Die Geschichte vom verlorenen Sohn[3], aus der der am Anfang zitierte Satz stammt, liest sich in dieser Lebensphase neu, finde ich. Ja, der Sohn will sein Erbe ausbezahlt bekommen. Und der Vater tut dies, offensichtlich ohne jedes Murren. Und damit geht der Sohn davon, verlässt sein Elternhaus. Biblische Geschichten können ziemlich aktuell sein. Der Sohn verprasst das Erbe, es wird eine Zeit gedauert haben. Am Ende »wird nichts« aus ihm. Da zieht es ihn zurück zum Elternhaus. Und der Vater freut sich. Er feiert ein großes Fest, weil sein Sohn zurückgekommen ist. Keine Bitterkeit, keine Vorwürfe – ein Bild für Gottes unendliche Güte.

Das Problem hat der zweite Sohn. Er hat ausgehalten, hat gearbeitet auf dem Hof, den Vater versorgt und ertragen, eigene Wünsche hintangestellt. Und nun fragt ihn der Vater, ob er die Freude über die Heimkehr seines Bruders wirklich nicht teilen kann. Das ist der springende Punkt bei diesem Gleichnis: die überwältigende Güte des Vaters, die Sinnbild ist für die Liebe Gottes zu den Menschen.

Spannend aber ist eben auch, den Blick auf die Geschwisterbeziehung zu lenken. Vor einiger Zeit habe ich ein Buch über die »Mütter der Bibel«[4] geschrieben und bin dabei auf viele interessante biblische Geschwisterbeziehungen gestoßen. Geschwister haben großen Einfluss auf das Leben, das wissen auch die Geschichten der Bibel. Das ist prägend für die gemeinsame Kindheit. Es gilt aber auch für die Mitte des Lebens, weil nur sie die gleichen Erinnerungen bis zurück zum Anfang teilen. Und im Gespräch können wir feststellen, wie verschieden diese gleichen Erinnerungen sind!

Meine beiden Schwestern sind fünf und sieben Jahre älter als ich. Es gab noch einen Bruder, der drei Jahre älter war, aber noch als Säugling starb. Manches Mal staunen wir, wie unterschiedlich unsere Erinnerungen sind. Und dann bin ich weiter dankbar, dass es Onkel und Tanten, Cousinen und Cousins gibt, mit denen wir unsere Kindheitserinnerungen teilen können und merken: Sie sind sogar noch vielfältiger, als wir schon dachten. Wie es »wirklich« war, ist gar nicht so klar zu sagen! Ich habe an diesen Gesprächen gemerkt: Der Rückblick wird immer auch von der Gegenwart bestimmt. Wir haben Bilder in unseren Köpfen, die uns prägen. Das ist nicht schlimm, das muss auch nicht zu Konflikten führen, aber es ist auch bewegend, das Vergangene mit denen zu betrachten, die es geteilt haben. Sich gemeinsam erinnern können, tut gut. Und in der Mitte des Lebens finden Geschwister nicht selten wieder näher zueinander, weil die gemeinsame Erinnerung kostbarer wird, zumal wenn die Eltern sterben.

Auf der gemeinsamen Rückfahrt von einer Dienstreise fragte ich vor Kurzem den Kollegen, der mich begleitete, ob er mit mir einen Abstecher machen würde zu dem Haus, in dem ich aufgewachsen bin. Ich wollte sehen, ob es noch steht … Diese Begegnung mit »Zuhause« war irgendwie anrührend und befremdlich zugleich. Das Haus mit der Autowerkstatt meines Vaters, mit dem Garten meiner Mutter, den Akazien und den Autoreifen auf dem Hof, mit dem Sandkasten, der Schaukel und dem Hundezwinger, es war die Welt meiner Kindheit. Ich war glücklich dort, habe mich frei gefühlt, konnte mich nach eigenem Belieben bewegen, kannte nicht die Grenzen, wie sie die Kinder heute beim Aufwachsen erfahren. Die Erwachsenen hatten zu tun, sie waren beschäftigt mit Aufbau, Arbeit, Geld verdienen. Es gab gewisse Grundregeln: »Pünktlich zum Essen!«, zum Beispiel. Aber ansonsten war es eine freie heile Welt für mich. Meine Schwestern haben das anders erlebt. Vielleicht, weil sie einfach älter waren und stärker in die Verantwortung genommen zu einer Zeit, als ich ganz Kind sein konnte. Geschwisterfolgen prägen, das weiß die Soziologie heute.

Als wir da nun standen, vor diesem heute so klein erscheinenden Häuschen, an dem geteerten Hof, den ich großartig fand, als ich Fahrrad fahren lernte, der Autogarage, dem leicht verfallen wirkenden Platz, vor der Enge, die mir Kind ein riesiger Freiraum war, sagte der Kollege: »Du bist einen weiten Weg gegangen von hier bis ins Bischofsamt«. Das ist mir lange nachgegangen. Ein weiter Weg, ja – aber wahrscheinlich war entscheidend diese Erfahrung der Freiheit. Es war kein hochintellektuelles Elternhaus, aber ein Ort der Geborgenheit, wo dem einzelnen Kind etwas zugetraut wurde, der Eigenständigkeit gefördert hat und so ein Denken über Grenzen hinweg ermöglichte. Unsere Eltern haben Bildung als hohes Gut gesehen und alles daran gesetzt, dass ihre Töchter Abitur machen konnten.

Ich sehe mich selbst heute immer bewusster als Mischung meiner Eltern, der Mutter, die eher streng wirkte und Disziplin forderte, und des Vaters, der eher lebenslustig war und mir – das Allergrößte! – ab und an im *Goldenen Hahn* ein »Jägerschnitzel mit Pommes und Salat« spendierte oder auch einen Mohrenkopf in der Tankstelle zukommen ließ. Die Disziplin und Strenge haben mir oft geholfen im Leben, aber ebenso die Lebenslust und der Humor. So sind wir alle auf je eigene Weise Erbinnen und Erben unserer Eltern.

In der Mitte des Lebens neu über Geschwisterbeziehungen nachzudenken, finde ich spannend. Die große Nähe – jedenfalls immer die äußere, und nicht selten auch die innere – während der

Kindheit, auch das ist etwas, das sich ändert. »Kinderreiche Familien bilden (…) ein Gegenmodell zur Moderne«[5], stellt Rüdiger Peukert fest. Beim Betrachten beispielweise der Geburtsjahrgänge von Frauen von 1935 bis 1967 und ihrer jeweiligen Kinderzahl wird deutlich, dass sich die Zahl der Kinder pro Frau deutlich verschoben hat. In den Geburtsjahrgängen der 1930er- und 1940er-Jahre dominierten größere Familien mit drei und mehr Kindern. Von den 1935 geborenen Frauen bekamen noch 59 Prozent drei und mehr Kinder. Doch mit ihrem stärkeren und anhaltenden Rückgang – im Geburtsjahrgang 1967 bekamen nur noch 21 Prozent der Frauen drei und mehr Kinder – hat sich der Anteil der Zwei-Kind-Familien von 12 Prozent (Geburtsjahrgang 1935) auf 31 Prozent (Geburtsjahrgang 1967) erhöht. Das heißt: Heute wachsen 38 Prozent der Kinder ohne Geschwister auf, 46 Prozent mit einem Bruder oder einer Schwester, 13 Prozent mit zwei und nur noch vier Prozent mit drei oder mehr Geschwistern.[6]

Bei einer großen Geschwisterschar fällt es Eltern wahrscheinlich leichter, loszulassen, weil phasenweise immer wieder ein anderes Kind einmal näher, einmal etwas ferner ist. Bei einem Kind ist der Ablösungsprozess ein tiefer Abschied, kein längerer Weg, sondern eher ein Punkt, der nicht wirklich flexibel ist.

Das Loslassen der Kinder eröffnet aber eben auch die Möglichkeit, offen zu sein für Neues, neue Beziehungen, neue Schwerpunkte im Leben. Und wunderbarerweise werden die Eltern-Kind-Beziehungen heute ja wesentlich positiver wahrgenommen als früher. Mit erwachsenen Kindern entstehen auch für die Eltern neue Bezüge in der Beziehung. Da wird nicht mehr erzogen, es können Erfahrungen ausgetauscht werden. Ich merke zurzeit, dass ich von meinen Töchtern Neues lerne, wie sich durch ihre Interessen ganz andere Themen und Zusammenhänge in meinem Leben auftun. So bringt das Loslassen auch eine große Chance für eine neue Beziehungsebene zu den Kindern, es bringt neue Freiräume für die Eltern und neue Annäherungen an Geschwister oder Menschen ohne Kinder.

Eltern begleiten

Verwirf mich nicht in den Tagen des Alters;
wenn meine Kräfte schwinden, verlass mich nicht.[7]

Als eine Mitarbeiterin in meiner Landeskirche in den vorzeitigen Ruhestand ging, sagte sie mir: »Eigentlich hätte ich gern bis 65 gearbeitet. Aber meine Tochter hat ein Kind, sie ist allein und braucht meine Hilfe. Mein Mann ist schon seit fünf Jahren im Ruhestand, er möchte, dass ich da bin. Und meine Schwiegermutter ist inzwischen pflegebedürftig.« Mich hat das damals ein wenig bedrückt. Leitende Männer, die ich in den Ruhestand verabschiede, erzählen mir meist von großen neuen Plänen. Sie wollen einen Segelschein machen, eine Gemeinde in Südafrika betreuen, Spanisch lernen, ein Haus bauen. Frauen sind oft in soziale Verpflichtungen eingebunden.

Soziologen sprechen bei 30-Jährigen von der »*Rushhour* des Lebens«. Ich denke inzwischen, die zieht sich biografisch deutlich länger hin. Es sind die 50-Jährigen, die manches Mal ihre noch in der Ausbildung oder im Studium oder in Teilzeitjobs befindlichen Kinder unterstützen. Oft übernehmen sie zusätzlich schon Verantwortung für Enkel, und gleichzeitig erleben sie, dass ihre eigenen Eltern auf sie angewiesen sind und Unterstützung benötigen.

Gewiss, auch das ist sehr unterschiedlich. Die Eltern der einen sterben schon früh, bei anderen sind sie bis ins hohe Alter unabhängig; bei einigen sind die Eltern lange pflegebedürftig, andere sterben plötzlich. Und doch kennt die Mitte des Lebens ein gemeinsames Grundgefühl: diese Sorge für die Jüngeren und für die Älteren zugleich. In diesem Grundgefühl unterscheiden sich berufstätige Frauen gar nicht so sehr von Frauen, die sich ganz für die Arbeit in der Familie entschieden haben. Die Doppelanforderung empfinden sie auf gemeinsame Weise. Es kann für eine berufstätige Frau leichter sein, sich abzugrenzen, während eine nicht Berufstätige ständig verteidigen muss, warum sie nicht rund um die Uhr zur Verfügung steht.

Das Altwerden der eigenen Eltern hat ja etwas Zweifaches. Zum einen steht die Frage der Verantwortung im Raum. Wer wird sich kümmern, wer wird pflegen, wenn ein selbstständiges Leben nicht mehr möglich ist? Zum anderen ist es die Vorbereitung auf den endgültigen Abschied und damit auch der eigene Übergang in die Phase, selbst die älteste Generation zu sein.

Die Frage der Pflege war früher ebenso wie die Frage der Versorgung der Kinder schlicht dadurch gelöst, dass die in der Regel nicht berufstätigen Frauen diese Pflege übernahmen. Die Sache mit der Berufstätigkeit hat sich geändert – aber: »Die Pflege bleibt weiblich«.[8] Etwa 236 000 Menschen arbeiteten Ende 2008 bei ambulanten Pflegediensten. 88 Prozent der Altenpfleger, Krankenschwestern, Zivildienstleistenden und ungelernten Hilfskräfte sind laut Pflegestatistik 2007 des Statistischen Bundesamtes Frauen.

Mehr als zwei Drittel von ihnen sind in Teilzeit erwerbstätig. Die Nachfrage nach Pflegekräften steigt stetig, allein von 2005 bis 2007 um sieben Prozent. In Deutschland gibt es 2,25 Millionen Pflegebedürftige. Davon werden 68 Prozent zu Hause versorgt, eine Million ausschließlich von ihren Angehörigen. Auch unter ihnen stellen Frauen – zum Beispiel Töchter, Schwiegertöchter, Enkelinnen, Nichten – die übergroße Mehrheit. Gut 500 000 Patienten werden von den 11 500 ambulanten Pflegediensten betreut, die es in Deutschland gibt. Für das Jahr 2030 rechnen Fachleute mit mehr als drei Millionen Pflegebedürftigen.

Und »ins Heim« möchten die wenigsten gehen. Das hat sich in Deutschland in den vergangenen Jahren stark verändert. Bei meinen Besuchen in Alten- und Pflegeheimen höre ich immer wieder, wie sehr das auch die Einrichtungen belastet. Gab es früher Heime in die Menschen kamen, als sie noch ziemlich eigenständig waren, wurden Männer und Frauen dort gemeinsam alt, so kommen heute fast ausschließlich Menschen, die dement oder voll pflegebedürftig sind. Dadurch entfällt oft, was es früher an Freizeitaktivitäten gab, gemeinsames Kochen, Singen, Spazierengehen. Ambulante Betreuungseinrichtungen, in die Ältere stundenweise gehen, ersetzen das teilweise. Gab es für das Altenheim früher ein Konzept des Miteinander-Lebens, ist daraus heute in der Regel ein reines Pflege- bzw. Betreuungskonzept geworden.

Ich habe allergrößtes Verständnis dafür, dass Menschen bis zuletzt in der vertrauten Umgebung bleiben wollen. Aber es verändert etwas. Für viele ist es auch mit großer Einsamkeit verbunden. Wenn kein Nachbar mich mehr kennt, weil ich mich gar nicht aus dem Haus bewegen kann, wird mich auch niemand besuchen. Ich halte es für eine der größten Herausforderungen, wie wir mit der Isolation vieler älterer Menschen umgehen.

Für die erwachsenen Kinder ist das eine große Belastung, nicht erst, wenn die Pflegebedürftigkeit kommt. Viele leiden unter einem schlechten Gewissen, weil sie sich nicht genügend kümmern, weil so viele andere Verpflichtungen so viel Kraft fordern, weil in der mobilen Gesellschaft die Entfernungen oft groß sind. Solche Gewissensbisse kenne ich sehr gut. Eine meiner Schwestern hat meine Mutter inzwischen bei sich aufgenommen, als es für sie schwierig wurde, allein zu leben. Seitdem versorgt sie mit ihrem Mann unsere Mutter liebevoll und geduldig; sie ist eingebunden in das Familienleben, behält aber eine gewisse Selbstständigkeit. Das ist für die anderen Kinder und Enkelkinder eine enorme Entlastung, für die wir ungeheuer dankbar sind. Aber es bleibt auch in einer so guten Betreuungssituation das schlechte Gewissen, nicht oft genug zu besuchen, anzurufen, zu schreiben und das Wissen, dass eine von uns ganz besonders belastet ist. Das ist ein Dilemma, aus dem es offenbar keinen Ausweg gibt und das sich in den unterschiedlichsten Konstellationen zeigt.

Gleichzeitig ist der Anblick der hilfloser werdenden Eltern auch bitter. Ist das die Frau, die derart energisch durchgreifen konnte? Ist das der Mann, der so stolz und selbstbewusst auftreten konnte? Wenn unsere Eltern hilfloser werden, geraten unsere Bilder von ihnen ins Wanken. Und fragen natürlich auch unsere Bilder von uns selbst an.

Simone de Beauvoir hat ein sehr bewegendes Buch über den Tod ihrer Mutter geschrieben.[9] Es macht deutlich, wie sehr der Abschied von der eigenen Mutter uns selbst mitnimmt in einen Prozess des Nachdenkens über Leben und Tod, wie das Vergangene, ja auch die Geschwisterbeziehungen, wieder Raum gewinnen und wie das Sterben unserer Eltern uns selbst betrifft. De Beauvoir, die alles so gern im Griff hat und kontrolliert, hat einen Weinkrampf, nachdem sie die hilflose Mutter mit offenem Mund hat daliegen sehen, ausgeliefert an die Mechanismen eines Krankenhausablaufs. Ihr Freund Jean-Paul Sartre nimmt das als Veränderung an ihr selbst wahr: »Ich hätte meinem Gesicht das meiner Mutter aufgesetzt, und ob ich wollte oder nicht, ich ahmte seine Bewegungen nach. Ihr ganzes Wesen und ihr ganzes Dasein verkörperte sich darin und Mitleid mich.«[10]

Diese Passage aus ihrem Buch finde ich höchst berührend. Denn die Erfahrung, dass in meinen Zügen sich eben doch die Züge meiner Eltern spiegeln, ob ich es will oder nicht, ist oft eine Erkenntnis, die uns verändert. Eine Freundin sagte mir einmal, sie habe sich ganz fest vorgenommen, völlig anders zu werden als ihre Mutter. Und dann habe sie eines Tages in den Spiegel geschaut und gedacht: »Du siehst aus wie deine Mutter!« Wenn wir das sehen können, ist es vielleicht auch leichter, Frieden zu schließen mit den Erinnerungen an unsere Eltern, die nicht so einfach sind, zu denen auch die Brüche gehören manchmal bis hin zu Verwerfungen.

Äußerst anrührend ist auch, nachzulesen, wie Simone de Beauvoir als Tochter im Rückblick wahrnimmt, wie sehr die Mutter sich um sie und ihr »Seelenheil« gesorgt hat. Sie selbst hatte sich von der Religion abgewandt. Die Mutter aber sagt: »Freilich möchte ich in den Himmel kommen, aber nicht ganz allein, nicht ohne meine Töchter«.[11] – Dass wir in der Mitte des Lebens sanftmütiger auf frühere Auseinandersetzungen schauen, ist wohl auch eine verbreitete Erfahrung. Wir sehen unsere Eltern in einem milderen Licht als im stürmischen Alter der Jugend, das alles besser weiß, oder der jüngeren erwachsenen Jahre, in denen wir noch meinen, vieles besser machen zu können. Simone de Beauvoir schreibt: »Die Veränderungen, die sich während der Krankheit an Mama vollzogen, machten meine Reue noch bitterer.«[12]

Wahrscheinlich ist eines der Probleme unseres Abschieds von den Eltern, zumal wir im Umgang mit Leiden und Tod so wenig geübt sind, zumal wir es in unserer Gesellschaft ja auch kaum sehen, weil es vor allem in speziellen Räumen stattfindet. Meine älteste Schwester hat mir vor Kurzem ein Buch geschenkt, das sich ausgehend von Albrecht Dürers Kohlestichzeichnung seiner kranken alten Mutter – er hat es zwei Monate vor ihrem Tod gezeichnet – mit Schönheit, Alter und Tod im Bild der Renaissance befasst.[13] Es handelt sich dabei um das »erste Realporträt eines hinfälligen, leidgeprüften Menschen in der europäischen Kunstgeschichte.«[14] Das bedeutet doch, dass ein Ausweichen vor dem Tod, der Versuch, das Hinfällige nicht zu sehen, gar kein Phänomen unserer Zeit erst ist. Schon immer war es angenehmer, schöne, junge Menschen auf der Höhe ihrer Kraft zu sehen und nicht den Verfall, das Alter, Siechtum. Dann doch hinzusehen mit Liebe, das kann auch eigene Kraft geben!

In Bremerhaven habe ich vor Kurzem eine Ausstellung unter dem Titel »Noch einmal leben vor dem Tod« eröffnet. Walter Schels hat Menschen kurz vor und kurz nach ihrem Tod fotografiert – mit deren Einverständnis selbstverständlich. Die Journalistin Beate Lakotta hat die Begegnungen einfühlsam geschildert. Mich haben diese Bilder, die auch als Buch dokumentiert sind[15], sehr bewegt. Der Tod hat etwas Friedliches, die Toten drücken auch Erlösung aus. Wer hinsieht, verliert auch etwas von der Angst vor dem Tod.

Vielleicht wagen wir ja heute, hinzusehen, weil wieder bewusster mit dem Tod umgegangen wird. Die Hospizbewegung ist dafür ein hervorragendes Beispiel. Ebenso die Patientenverfügungen, mit denen wir vorab regeln können, wie wir die letzten Schritte selbst gehen wollen. Wir können unsere Eltern, beziehungsweise die Elterngeneration auf den letzten Wegen begleiten, und das können wir besser, wenn wir uns mit der eigenen

Endlichkeit auseinandersetzen. Auch das gehört sicher zur Kunst des Alterns, dem Gedanken an den eigenen Tod nicht panikartig auszuweichen. Wenn wir das tun, wird das unseren Umgang mit den Alten im Land verändern.

Auf einem Kongress lutherischer Theologen aus aller Welt, auf dem ich eine Rede zu halten hatte, sprach nach mir der Theologe Ramathate Dolamo aus Südafrika. Er vertrat die Position, die Missionare hätten in Afrika einen großen Fehler gemacht, weil sie den »Ahnenkult« verdammt hätten. Damit hätten sie eine Beheimatung des Christentums in Afrika erschwert. Er plädierte dafür, den Begriff »Ahnenkult« zu tilgen, aber in der Sache Wichtiges zu erhalten. Denn es gehe letzten Endes darum, sich zu erinnern an die Väter und Mütter und das eigene Leben im Zusammenhang der Generationen zu sehen. Nichts anderes sei schließlich auch die Heiligenverehrung der römisch-katholischen Kirche oder auch die Namensgebung in der lutherischen Kirche. Mir geht dieser Vortrag nach. Erinnern wir uns genug? Geht das 4. Gebot, »Vater und Mutter zu ehren«, nicht verloren, wenn wir immer nur die Zukunft gestalten? Wir kommen irgendwo her, und wir gehen nicht nur irgendwo hin. Kinder, die adoptiert wurden, suchen ja oft geradezu verzweifelt nach den biologischen Eltern, weil ihnen so sehr an ihren Wurzeln liegt, um die eigene Identität zu klären. Dabei ist die Biologie das eine, die Gene haben natürlich Bedeutung. Aber die »Meme« eben auch, von denen Clinton Richard Dawkins spricht (s. S. 18), die Kultur, das Umfeld, in dem wir aufwachsen, die Gefühle, die wir als prägend erfahren.

Wer heute vor dem kleinen Häuschen meiner Eltern in Stadtallendorf steht, wird sicher »Enge« denken. Aber als Kind habe ich diese Enge wie gesagt weit erlebt. Geborgen in einem Umfeld, in dem jeder jeden kannte, und in diesen sechziger Jahren, in denen das Lebensgefühl herrschte: Jeder und jede kann alles werden. Dass ich Bischöfin werden würde, daran hat wohlgemerkt niemand gedacht, meine Eltern hatten das ganz gewiss nicht im Sinn … Aber ihr Zutrauen in mich hat mich auf meinem Weg bestärkt.

Angerührt hat mich, während ich über all dies nachdenke – und es war auch noch Muttertag! –, ein Text von Gabriele Hartlieb über ihre Mutter:

Stark war sie nicht
Nicht unerschütterlich
Nicht ohne Angst

Lachen konnte sie
Mit ihr wusste ich
Wo es langgeht
Wie es weitergeht
Was wichtig ist
Was richtig
Dass es gut wird

30 Jahre lang hatte ich sie:
Die wichtigste Frau meines Lebens

Am Ende
(sie war 60, ihr Haar noch nicht grau)
Brauchte sie
Meine Kraft
Meine Fröhlichkeit
Meine hilflose Hoffnung

Gerne hätte ich ihr Altwerden gesehen
Es hätte ihr gut gestanden

Stark war sie nicht
Aber ihr Erbe ist mächtig

Die Freude am Leben[16]

Am selben Tag die SMS eines Freundes: »Ich möchte dir heute liebe Grüße senden. Meine Mutter kann ich leider nicht mehr erreichen …«

Die Mitte des Lebens lenkt den Blick nicht nur nach vorn, sondern auch zurück. Ich finde das anrührend. Die Wurzeln suchen, über Orte nachdenken, in denen wir zu Hause waren oder sind, das scheint mir hilfreich für die kommende Wegstrecke. Der bekannte Satz des Philosophen Søren Kïerkegaard, das Leben werde nach vorn gelebt und nach rückwärts verstanden, wird ja in verschiedenen Lebensphasen unterschiedlich gehört. In jungen Jahren leben wir ständig vorwärts, sind gefordert, versuchen, zu bewältigen, was an Herausforderungen auf dem Weg liegt. Wenn wir älter werden, suchen wir Haltepunkte, versuchen einzuordnen, was wir erleben, halten Ausschau nach Zusammenhängen. Und da geht der Blick auch immer öfter zurück.

1   Lukas 15,12f.
2   Ingke Brodersen/Renée Zucker, Werden Sie wesentlich! Die Frau um 50, München 2007, S. 34f.
3   Lukas 15.
4   Margot Käßmann, Mütter der Bibel, Freiburg 2008.
5   Peukert, Rüdiger, Familienformen im sozialen Wandel, Ort? 2008, S. 105.
6   Ebd. S. 103f.
7   Psalm 71,9.
8   Gesundheitsmagazin »Apotheken Umschau« 2/2009.
9   Vgl. Simone de Beauvoir, Ein sanfter Tod, Berlin 2007.
10   Ebd., S. 29.
11   Ebd., S. 106.
12   Ebd., S. 104.
13   Vgl. Michael Roth, Dürers Mutter, Berlin 2006.
14   Ebd., S. 7.
15   Beate Lakotta, Walter Schels, Nochmal leben vor dem Tod, München 2004.
16   »Mutter« von Gabriele Hartlieb, aus: Simone Burster/Petra Heilig/Susanne Herzog (Hg.), Mächtig lebendig – Frauenkalender 2009, © 2008 Schwabenverlag, Ostfildern, 20. Woche.

Für den Körper sorgen

»Mein Körper verändert sich, ich kann machen, was ich will«, sagt mir eine Freundin. Das ist ja eine völlig normale Erfahrung in der Mitte des Lebens. Eine andere sagt: »Ich habe zehn Kilo zugenommen, was ich auch mache, Sport, Diät, ich komme nicht runter.«

Diese Veränderungen müssen aber nicht nur eine negative Erfahrung sein – auch wenn sich nicht leugnen lässt, dass es teilweise so ist. Doch es kann in der Mitte des Lebens auch einen neuen, gelasseneren Blick auf den eigenen Körper geben, und es können neue Kräfte wachsen. Sehr beeindruckt hat mich, was die vor Kurzem mit fünfzig an Krebs verstorbene Schauspielerin Barbara Rudnik in einem ihrer letzten Gespräche dazu gesagt hat: »So unglaublich es klingen mag, in vielen Dingen hat mir der Krebs eine größere Entspannung gebracht. Ich beginne mal mit dem Äußerlichen: Früher fand ich mich manchmal sehr hübsch, aber zuweilen empfand ich mich auch als geradezu hässlich. Damit hatte ich immer wieder zu kämpfen. Jetzt fühle ich mich diesbezüglich viel stabiler, ein angenehmes Gefühl. Ich habe früher bestimmt viel besser ausgesehen, aber nun kann ich einfach sagen, ich sehe so aus, wie ich aussehe.«[17]

Auch im Blick auf unseren Körper gilt es, die rechte Balance zu finden. Wenn wir älter werden, können wir auch etwas freundlicher, wohlwollender auf uns selbst blicken, weniger ungnädig und verurteilend als in der Jugend. So ist er halt, mein Körper. Ich kann das Altern nicht verhindern, aber ich kann ihn pflegen. Wie sagt meine Kosmetikerin immer so tröstlich: »Zurück können wir nicht mehr, aber wir können den Istzustand so lange wie möglich halten.«

Schönheit feiern[18]

Schön bist du wie keiner unter den Menschen.[19]

Da können wir noch so viel »Bodyforming« machen, das Zahnfleisch geht zurück, der Busen wird schlaffer. Die Haare werden grau! Auch wer bis fünfzig noch mit einigen wenigen grauen Strähnen davongekommen ist, jetzt sind Entscheidungen gefragt: Färben oder nicht? Tönen oder Strähnchen? Bei Männern hat sich diese Frage oft erledigt, sie kämpfen mit dem Haarverlust und der äußeren Veränderung, die er mit sich bringt. Frauen aber müssen entscheiden: Grau zulassen oder Farbe, und wenn ja, welche? Aber auch andere Veränderungen finden statt. Irgendwann verschwimmen die Buchstaben in den Büchern oder auf den Straßenschildern. Dann führt kein Weg an einer Brille vorbei; wer damit nicht zurechtkommt, kann heute immerhin zu Kontaktlinsen greifen. Und als meine Tochter das erste Mal sagte: »Mama, kann es sein, dass du schwer hörst?«, hat es mich doch getroffen. Meine Großmutter hat ihre Schwerhörigkeit damals immerhin mit Humor genommen und erklärt, es sei auch von Vorteil, nur noch das hören zu müssen, was sie hören wolle. Und da hat sie in der Tat ausgewählt! Aber aller Humor hilft nicht darüber hinweg, dass es Einschränkungen gibt, Veränderungen, die wir nicht ignorieren können.

Das gilt auch für die körperliche Leistungsfähigkeit insgesamt. Mehr als ein Mann in meinem Bekanntenkreis hat nach dem vierzigsten Geburtstag begonnen, für einen Marathonlauf zu trainieren. Einmal einen Marathon bewältigen, bevor es »zu spät« ist – das wurde plötzlich ein sehr erstrebenswertes Ziel. Die eigene Kraft noch einmal spüren, messen, bevor sie wirklich nachlässt – ich kann das nachvollziehen, auch wenn für mich Sport eher Entspannung bedeutet und ich mir Druck zur Leistung dabei erspare.

Aber ist es nicht überhaupt eitel, über den Körper, seine Kraft und Attraktivität, über seine Schönheit nachzudenken? Eitelkeit gehört in der Bibel nun wahrlich in die Lasterkataloge. Und: Ist

»Schönheit« überhaupt eine akzeptable Kategorie in der Mitte des Lebens? Wie steht es mit Humor in Sachen Schönheit? Oder gibt es da nur Konkurrenz und Maßeinheiten? Wer definiert Schönheit? Wenn ein Mensch heute Antworten auf solche Fragen sucht, geht die Recherche spontan ins Internet. Für »Schönheit« gibt es 992 000 Treffer in 0,21 Sekunden. Und da ist dann schon auf der ersten Seite alles für die älter werdende Zielgruppe, von Anti-Aging über Plastische Chirurgie bis hin zu Ästhetischer Chirurgie.

Für »Schönheit in der Bibel« gibt es im Internet immerhin noch 41 500 Treffer in 0,23 Sekunden. Dort geht es dann allerdings eher um schöne Bibeln und die Schönheit der Psalmen. Und bald trifft man auch auf den mahnenden Bibelvers in Hesekiel 28,17: »Die Schönheit ist dir zu Kopf gestiegen.« Ja, Demut wird in der Bibel gepriesen und Hochmut kommt bekanntlich vor dem Fall. Schließlich sollen wir nicht äußeren Werten nachjagen, sondern uns um die Seele, das Heil, den Lebenssinn bemühen. Aber wie sehr wird Schönheit in der Bibel doch auch gepriesen, ja geliebt! Das fängt mit der Schöpfung an: »Gott sah an alles, was er gemacht hatte, und siehe, es war sehr gut!« (1. Mose 1,31) Es war sehr gut – es war sehr schön. Und das kann doch auch der Mensch im 21. Jahrhundert unmittelbar empfinden, am Meer, bei einem Waldspaziergang, auf einer blühenden Bergwiese, beim Anblick eines Sonnenaufgangs: Die Schöpfung ist wunderbar! Wir können sie preisen wie die Dichter der Psalmen, wir erfahren ihre Schönheit und können wie Psalm 147 sagen, dass es schön ist, Gott in der Schöpfung zu lieben. Auch wir können, wenn wir mit offenen Augen schauen, sehen, dass die »Frucht des Landes herrlich und schön ist« (Jesaja 4,2).

Und dann gibt es auch in der Bibel natürlich einen Blick für die Schönheit junger Menschen: Rahel wird beschrieben als »von schöner Gestalt« (1. Mose 29,17), genauso wie Josef (1. Mose 39,6). Was ist das für eine Schönheit? Rahel und Josef waren natürlich jung, als sie so beschrieben wurden, und Jugend hat eine ganz eigene Schönheit. Ein junges, rankes Mädchen, faltenlos, hat eine besondere Anmut und Schönheit. Ein junger Mann, strotzend vor Energie ist schön! Aber nicht nur die unberührt wirkende Jugend ist schön, auch das Leben kann schön machen, Menschen können auf eigene Weise schöner werden mit der Zeit. Alter schließt Schönheit nicht aus. Vor vielen Jahren auf einer Reise nach Ungarn habe ich ein Altenheim besucht. Da war eine sehr alte Frau mit einem Gesicht voller Falten – die ich nie vergessen habe, weil ich sie auf beeindruckende Weise schön fand. Schön, weil voller Leben und auch im Einklang mit dem Leben. Schönsein, das heißt nicht konform, nicht 90-60-90, und alles andere ist egal, Schönheit ist nicht ein Abziehbild, wie es Tausende gibt. Schönheit kann auch durch gelebtes Leben entstehen, durch eine innere Harmonie, die wir ausstrahlen, durch Glück, das sich auf unserem Gesicht zeigt.

Eine alternde Frau aber wird selten als schön empfunden. Zum höchsten Gut gleich nach der Gesundheit sind Attraktivität und Jugendlichkeit geworden. Also wird nicht nur Sport getrieben und das Fitnessstudio besucht – was ja wahrlich gut sein kann –, sondern auch Botox gespritzt, Silikon eingearbeitet, Fett abgesaugt und eine Diät nach der anderen ausprobiert. Wie schade, was für ein Verlust – von Zeit und Energie, die dafür aufgewendet werden, aber auch von Individualität! Falten zeigen ja auch gelebtes Leben. Und bei manchem Gesicht mit Falten denke ich: Wie schön ist das! Frauen müssen auch selbst immer wieder prüfen, wer hier eigentlich die Deutungsmacht hat, wer definiert, wie es zu sein hat. Ich will Schönheitsoperationen nicht in Bausch und Bogen verdammen. Wenn eine Frau unter ihrer Busengröße oder ihrer Nase massiv leidet, kann ein operativer Eingriff für sie eine Erleichterung sein. Aber der Versuch, das Alter zu verbannen, nimmt Menschen auch etwas von ihrer Persönlichkeit. Immer mehr Menschen legen sich auch in Deutschland unters Messer, Schönheit ist inzwischen für Geld zu haben. Aber ist das Schönheit? Von einer Sängerin wurde kürzlich berichtet, sie habe inzwischen so ziemlich alles operiert und finde nun ihre Knie fett, die sollten als nächstes verschlankt werden. Das sind Wahnvorstellungen.

Durch die Zeiten hat sich das Empfinden für Schönheit sehr gewandelt. Wenn wir an die Gemälde vom Anfang des 17. Jahrhunderts denken, an Rubens und die Frauengestalten, die er malte: Üppige Rundungen an Bauch, Hüften und Busen, runde Gesichter, das galt als schön! Die heutigen »Schönen«, die Magermodels, wären mit Mitleid abgestempelt worden. Wer sich Müßiggang und Schatten leisten konnte, war dick und blass. Und schön. Dünn und von der Sonne gebräunt waren die, die schuften mussten – *low-class* galt noch nie als schön …

Heute haben in den USA die so genannten »religiösen Rechten« das Problem mit dem Gewicht als Missionsprogramm entdeckt. Da gibt es: »Dieting for Jesus« (Abspecken für Jesus), und Diätmaterial mit Titeln wie »Hilfe Herr – der Teufel will mich mästen« oder »Bete dein Gewicht weg« oder auch »Slim for Him«.[20] Auf Versammlungen wird verkündet, dass Gott allen Fettbeladenen hilft (kein Scherz, zu finden auf der Homepage »Slim for Him«) und Bekenntnisse wie: »Gott hat mich von Little-Debbie-Keksen erlöst«. Das ist nun wirklich die Verkehrung der Rechtfertigung allein aus Glauben, der frohen Botschaft, dass Gott die Menschen ohne Voraussetzungen liebt – eine Verkehrung in allergrößte Absurditäten. Das kann eigentlich kaum jemand ernst nehmen – und vielleicht ist die Studie der Purdue University beruhigend, die besagt, dass Christen in den USA weit molliger sind als andere Amerikaner – vielleicht nehmen sie den Diätwahn ja gelassener oder sind die größeren Genießer. Aber dass als Konfirmationsgeschenk immer öfter eine Brustvergrößerung oder eine Nasenkorrektur gewünscht wird, muss zu denken geben. Ich wünschte mir damals einen Plattenspieler. (Auch ich habe mich bei der Konfirmation 1972 allerdings schon zu dick gefühlt, so neu ist das alles wohl gar nicht, nur extremer.)

Aber ernsthaft: Bulimie und Anorexie sind heute in Deutschland weit verbreitet. Gerade Mädchen leiden zum Teil entsetzlich, wenn sie den Magermodels mit Größe 32 nicht entsprechen. Sie hungern und erbrechen, haben Angst vor jeder Kalorie und unterdrücken die Lust am Stück Sahnetorte, und gleichzeitig erobern Fast Food und Supersize-Portionen den Markt ... Dieser Druck zur Konformität mit einem Idealbild und die permanent erzeugte Unzufriedenheit mit dem eigenen Körper sind traurig, finde ich. Mit der biblischen Lust und Freude am Verschiedenen, am Schönen, mit dem Moment des Staunens und der Liebe hat das alles nichts zu tun.

Das Sprichwort sagt: »Schönheit liegt im Auge des Betrachters«, und damit kommen wir der Schönheit vielleicht auf die Spur. Die Liebe macht den anderen schön, lässt die andere schön sein in meinen Augen. Das können wir in allen Liebesliedern der Welt nachlesen – in der Bibel zum Beispiel im Hohelied Salomos, das schon so manche trockene Konfirmandenstunde spannend werden ließ. »Siehe, meine Freundin, du bist schön! Siehe, schön bist du. Deine Augen sind wie Taubenaugen hinter deinem Schleier. Dein Haar ist wie eine Herde Ziegen, die herabsteigen vom Gebirge Silead« (2,1ff.) – obwohl, »Ziegenhaar«, da fing das Gekicher schon an. Wer findet was schön? Aber geht es nicht wunderbar weiter: »Deine beiden Brüste sind wie junge Zwillinge von Gazellen, die unter den Lilien weiden« (4,5) – da erfreut nicht zuletzt das Wunder, dass ein solcher Text in der Bibel bleiben durfte.

Mich freut, dass die Bibel Schönheit und Liebe begeistert feiert. Wie oft ist das in der Kirchengeschichte ignoriert worden. Nicht Begeisterung, sondern Sündenbewusstsein, nicht Liebe als Geschenk Gottes, sondern Keuschheit als Lebenshaltung wurden da gepredigt. Ach, wie viel Lebensfreude und Lebenslust wurden so zerstört. Die Bibel hält da eine gute Balance, finde ich. Einerseits wird Schönheit geliebt und gepriesen: »Du bist wunderschön, meine Freundin, und kein Makel ist an dir« (Hohelied Salomos 4,7). Andererseits heißt es in den Sprüchen: »Lieblich und schön sein ist nichts; ein Weib, das den Herrn liebt, soll man loben« (21,30). Diese Balance hält auch das Neue Testament mit der Warnung vor ihrer Vergänglichkeit, etwa im Jakobusbrief:

»Die Blume fällt ab und ihre schöne Gestalt verdirbt; so wird auch der Reiche dahinwelken in dem, was er unternimmt« (1,11), und andererseits den Lilien auf dem Feld, deren Schönheit gepriesen wird (Matthäus 6,28). Und Jesus selbst konnte sich salben lassen, er feierte und wusste das Schöne im Leben zu schätzen. Sich selbst gut tun, das ist biblisch gesehen nicht verwerflich.

Ein schöner Tag kann ein Tag sein, der einfach gelebt wurde. Schön eine Zeit, die intensiv war. Schön der »Glanz Gottes, der aus Zion hervorbricht« (Psalm 50,2): Das ist Schönheit im Moment, das Spüren des Lebens, die Wahrnehmung der Natur, ein Lachen, das aus der Tiefe kommt. Ja, und da ist die Schönheit des Menschen. Aber sie zeigt sich nicht in Body-Mass-Index-Einheiten. Ein schöner Mensch – voller fröhlicher Energie. Ein Mensch, der etwas weiß und zeigt vom Leben in aller Tiefe. Schönheit ist die Eigenheit jedes Menschen, geschaffen von Gott. Alle verschieden. Der kleine behinderte Junge und das Model, der rundliche Mann und die alte Dame, die mit der krummen Nase und der mit den breiten Ohren. Ich empfinde ein Mädchen mit Down-Syndrom schön, weil sie von innen her strahlt und etwas spüren lässt von der Liebe zum Leben, vom Glücklichsein. Schön ist auch ein Tag, an dem ich etwas geben konnte, an dem ich für jemanden wichtig war, oder ein Tag, an den ich gern zurückdenke. Schön ist ein Moment der Stille am Meer. Einklang mit der Natur. Harmonie mit einem Menschen.

Warum nur müssen wir alles normieren, angleichen, anpassen, gleichmachen, klonen, damit es einem Ideal entspricht, das sich ja doch immer wieder verändert? Schönheit ist Individualität. Schönheit strahlt aus dem Mann, der eine wunderbare Erfahrung gemacht hat. Schönheit leuchtet aus der Frau, die Liebe gespürt hat und Liebe geben konnte.

In der Bibel sehe ich solche Schönheit, wenn Menschen angesehen werden durch Jesus, mit den Augen der Liebe, und so »angesehene Menschen« werden. Schönheit ist wunderschön! Ich wünschte, wir hätten die Freiheit, sie im Alltag mehr zu entdecken

Dann wären wir wohl auch wieder offen für das Wunder des Lebens, das jeden Tag neu geschenkt wird.

Vielleicht können die Mitte des Lebens und die Veränderungen unseres Körpers schlicht unseren Blick weiten. Der Druck nimmt ab, ich muss nicht »gefallen«, es geht darum, wer ich bin. Wenn Jugend und Anpassung an eine Norm hinter uns liegen, können wir Schönheit in neuen Kategorien wahrnehmen, weniger oberflächlich, und das erlebe ich als Bereicherung. Ich kann mich freuen an der Schönheit der Jungen, und ich kann mit den Augen der Liebe eine ganz andere, weniger offensichtliche Schönheit entdecken. Vielleicht können wir auch neu lernen, anderen zu sagen, was wir an ihnen schön finden. Wie gut tut es, wenn jemand dir sagt: »Deine Beine sind einfach super«. »Du hast die grünsten Augen, die ich kenne«, oder »Ich mag deine Lachfalten«. Richtig gefreut habe ich mich neulich, als eine Freundin sagte: »Jetzt wirst du richtig grau, sieht aber toll aus, das steht dir!« Na also …

Schließlich ist mir vom Glauben her wichtig, dass wir nicht unsere eigenen »Schönfinder« sein müssen; Fulbert Steffensky verwendet diesen Begriff: »Im Gebet sind wir am meisten die, die wir sein sollen; die, die nicht auf sich selbst bestehen, die sich aussagen in den Grund der Welt. … Wir erkennen unsere eigene Schönheit und Würde im Blick Gottes. … Das Gebet ist der höchste Ort der Passivität; des Verzichts darauf, sein eigener Liebhaber und Schönfinder zu sein.«[21] Wir müssen nicht unsere eigenen Schönfinder sein, weil Gott uns schön findet. Und gerade deshalb können wir uns annehmen, wie wir sind und nicht ständig an uns selbst herummäkeln. Ich bin selbst nicht frei davon, überheblich soll das nicht klingen. Aber es gibt Freiheit, zu sagen: Wie ich bin, hat Gott mich geschaffen.

Am Ende denke ich, die Liebe ist entscheidend. Die Liebe Gottes zuallererst, auf die ich mich verlassen kann, eine Lebenshaltung, die darauf vertraut: Ich kann nie tiefer fallen als in Gottes Hand. Und das gilt im Leben wie im Sterben. Aber es geht auch um die Liebe von Menschen, die mich hält und trägt in guten und in schweren Zeiten. Das wusste schon der Apostel Paulus, wenn er unnachahmlich eine Art biblisches Liebeslied formuliert im ersten Korintherbrief: *»Die Liebe ist langmütig und freundlich, die Liebe eifert nicht, die Liebe treibt nicht Mutwillen, sie bläht sich nicht auf, sie verhält sich nicht ungehörig, sie sucht nicht das Ihre, sie lässt sich nicht erbittern, sie rechnet das Böse nicht zu, sie freut sich nicht über die Ungerechtigkeit, sie freut sich aber an der Wahrheit; sie erträgt alles, sie glaubt alles, sie hofft alles, sie duldet alles. … Nun aber bleiben Glaube, Hoffnung, Liebe, diese drei; aber die Liebe ist die größte unter ihnen«* (1. Kor. 13). Für mich ist das auch eine Standortbestimmung in Zeiten, in denen die Ökonomisierung aller Lebensbereiche überhandzunehmen scheint. Das Wichtigste im Leben ist eben nicht käuflich: Liebe, Freundschaft, Vertrauen, Glaube. Das Wichtigste und Größte gewinnst du nicht, wenn Du versuchst, zu raffen und festzuhalten, sondern gerade, indem du selbst freigiebig bist, indem du liebst, indem du Vertrauen schenkst. Und du wirst Liebe erleben und Vertrauen erfahren, weil es einen Segenskreislauf des Gebens und Nehmens dieser Grundgefühle des Lebens gibt.

Kräfte entdecken

Sag nicht: Ich bin noch so jung. Nein, wohin immer ich dich sende, dahin wirst du gehen, und was immer ich dir auftrage, das wirst du reden. Fürchte dich nicht vor ihnen; denn ich bin mit dir, um dich zu retten – Spruch des Herrn. [22]

Es gibt ja diese Zeit, da meinen wir, zu jung zu sein für eine Aufgabe, eine Verantwortung, da würden wir uns ganz gern drücken wie der Prophet Jeremia, der diesen Satz spricht. Als ich 1999 zwei Tage nach meinem 41. Geburtstag zur Landesbischöfin einer Kirche mit mehr als drei Millionen Mitgliedern gewählt wurde, habe ich damit gehadert und gedacht: Du bist zu jung, wie soll das gehen? Ich hatte mich auf die Wahl eingelassen in dem Eindruck, den viele mir vermittelt haben: Es ist gut zu kandidieren, aber gewählt werde ich sicher nicht. Damals hat mir jener Satz Gottes an Jeremia gut getan. Er hat mir eine gewisse Leichtigkeit gegeben – in dem Sinn: Also gut, Gott, wenn du das so willst, dann musst du auch mitverantworten, was kommt. Irgendwie fand ich, Gott zeige auch Humor, wenn ausgerechnet ich Bischöfin werde. Mit meinem Bild eines real existierenden Bischofs jedenfalls konnte ich mich selbst nicht identifizieren.

Aber es gibt offenbar auch eine Zeit, in der wir meinen: »Ich bin zu alt«, das geht nicht mehr, ist nicht zu schaffen, die Kräfte lassen nach, ich fange nicht mehr neu an, ich lasse mich nicht mehr auf einen anderen Menschen ein. Zu spät für Veränderungen! Oder wir wollen schlicht unsere Ruhe und unseren Frieden finden, keine Aufbrüche mehr wagen. Eine Art Ermattung setzt dann ein, wir glauben, nichts mehr verändern zu können. Alles ist schon passiert und gewesen, es sind keine Überraschungen in Sicht. Das ist ein erschöpftes Sich- Abfinden mit der Realität. Ich lese es in der Antwort einer Freundin, die ich kürzlich fragte, ob sie Lust habe, zu der wunderbaren Kunstausstellung »Marc, Macke und Delaunay« nach Hannover zu kommen: *»Ich würde ja eigentlich richtig gern kommen (!), aber mir läuft die Zeit davon! Ich bin im Moment in einem total Müde- und Überfordert-Zustand! Ich schlafe sehr schlecht, da mir noch laufend Dinge durch den Kopf gehen, die ich dringend erledigen muss und keinesfalls aufschieben kann. … Ich glaube ich werde deutlich älter!!«*

Ihre Worte haben mich beunruhigt, denn eigentlich ist sie eher ein ruhiger Typ, der die Herausforderungen gelassen und sachlich angeht. In der Mitte des Lebens gibt es offenbar auch dieses plötzliche Erschrecken: Ich kann nicht mehr, das übersteigt meine Kräfte! Eine solche körperliche, aber auch geistige Erschöpfung nehme ich bei vielen in meinem Alter wahr. Dann ist die Frage: Gibt es Orte, an denen ich neue Kräfte finden kann? Wo sind meine Kraftquellen?

Die Antwort darauf wird sicher unterschiedlich aussehen. Auszeiten, Oasentage, Stille und Meditation sind gute Möglichkeiten, Abstand zu gewinnen von einem Alltag, der überanstrengt, und Ruhe zu finden. In meiner Landeskirche gibt es 15 Frauenklöster und Damenstifte und drei Männerklöster, in denen solche Zeiten angeboten werden, auf sehr verschiedene Weise. Für viele ist die Entdeckung der Spiritualität eine Entdeckung von Kraftquellen. Oft sind es ja alte, sehr alte Rituale, die uns im Alltag begleiten können.[23] Die einen nehmen die Herrnhuter Losung mit in den Tag. Andere finden eine tägliche Zeit für das Gebet oder auch für eine Meditation. Wieder andere suchen eine Kirche auf, zünden eine Kerze an oder gehen am Sonntag zum gemeinsamen Gottesdienst.

Die Sehnsucht nach Spiritualität scheint dabei in jüngster Zeit besonders bei Frauen mittleren Alters ausgeprägt zu sein. Das wird von manchen sehr kritisch gesehen – Ingke Brodersen und Renée Zucker formulieren recht salopp: »Neben angeblichen Einparkmängeln oder der beliebten Menstruationserklärung – wenn´s mal nicht so klappt mit dem Nachbarn – gehört Spiritualität zur »Typisch Frau«-Geringschätzung.«[24] Das halte ich für eine Fehleinschätzung. Auch für mich persönlich ist Spiritualität, die Stille, der Rückzug eine große Kraftquelle. Einen biblischen Text meditieren, einfach einmal allein sein, ein Gedicht lesen: Dabei finde ich zu mir. Wer einen dichten Arbeitsalltag hat, braucht solche Zeiten. Das Burn-out-Syndrom befällt ja gerade Menschen, die keinen Rhythmus mehr finden zwischen Schaffen und Ruhen. Wer nicht regenerieren kann, wird eines Tages auch keine Kraft mehr haben, zu leisten. Sehr schöne Anregungen dazu gibt ein gerade erschienenes kleines Buch mit dem Titel »Stay wild statt Burnout. Leben im Gleichgewicht«.[25] Es reflektiert selbstkritisch den hohen Stellenwert der Erwerbsarbeit in unserer Gesellschaft, an dem auch theologische Überlegungen und christliches Arbeitsethos ihren Anteil haben. In kleinen Schritten gibt das Buch Ratschläge zum Tun und zum Lassen. Und es ermutigt, die eigenen Grenzen zu sehen und Formen zu finden, neue Kraft zu gewinnen, durch Impulse zum Nachdenken oder zu geistlichen Übungen mitten im Alltag. »Wer privat oder beruflich gefordert ist, dem helfen Rituale. Sie sind verinnerlichte Gewohnheiten – Verhaltensweisen, die meist zur selben Zeit, am selben Ort und auf dieselbe Art und Weise praktiziert werden. Rituale entlasten: Sie nehmen die Last ab, immer alles immer wieder neu entscheiden zu müssen. ... Rituale sind wie ein Netz, das uns auffängt – uns Halt gibt, damit wir nicht fallen – und falls wir fallen.«[26] Gerade das Gebet kann solch ein Ritual darstellen, am Morgen, am Mittag oder am Abend. Oder die Viertelstunde am Abend, die ich allein für mich habe und Musik höre.

Gerade berufstätige Frauen in der Mitte des Lebens kennen dieses Gefühl: Da ist die Lust an der Leistung, aber ebenso der Kraftakt, täglich antreten zu müssen. Das gehört wohl zur Mitte des Lebens, denke ich: die beruflichen Belastungen – und die Erschöpfung. Anforderungen wahrzunehmen und nicht zu verdrängen – und der Sehnsucht nach Ruhe und Erholung Raum zu geben. Sich an der eigenen Leistungsfähigkeit freuen, aber auch den Leistungsdruck spüren und ihm, wo nötig, widerstehen. Das ganze Gefragtsein, Wichtigsein, das Ringen um Status und die Angst vor Statusverlust können in die zweite Reihe treten, wenn mir deutlich wird, dass dieses Ringen um Machbarkeit, die Pflichterfüllung, die mir wichtig ist, mit Blick auf das Leben insgesamt sekundär sind. Beruflicher Erfolg kann schnell schal werden, wenn kein Lebensglück mehr verspürt wird, der Leistungsdruck überhandnimmt, die kleinen Dinge des Lebens, die so viel bedeuten können, nicht mehr spürbar sind. Vielleicht macht genau das die »Leichtigkeit des Seins« aus, die Milan Kundera in seinem schönen Roman beschrieben hat: begreifen, dass wichtig nicht immer das ist, was ich für wichtig halte. Wer das erkennt, wird eben doch ein klein wenig weise in der Mitte des Lebens!

Kraftquellen müssen aber auch nicht ausschließlich spiritueller Natur sein. Ich gewinne auch neue Energie aus einem Abend mit einer Freundin in der Sauna, ein paar Stunden in einem Wellness-

Bad. Der Besuch einer Kunstausstellung kann mir Kraft geben. Ein ausgiebiger Spaziergang. Ein Frühstück mit den Töchtern. Wichtig ist: Entschleunigung, Entspannung, Unterbrechung des Alltages.

Für Menschen, die im Alltag eher zu viel Ruhe haben oder gar Leere empfinden, ist vielleicht auch ein Kontrastprogramm die richtige Kraftquelle – Aktivität, Sport, Zusammensein mit anderen, eine ehrenamtliche Aufgabe, die fordert. Ich denke an einen Mann, der im Ruhestand erlebt, wie seine Qualitäten als Bankfachmann in der Schuldnerberatung ganz neu gefragt sind. Er kommt jetzt in Wohnungen, die er früher nie betreten hätte, aber er erlebt: Ich werde gebraucht. Ich verdiene kein Geld mit meiner Arbeit, aber ich leiste einen ungeheuer wichtigen Beitrag, Menschen brauchen mich und vertrauen mir. Diese Erfahrung des Geben-Könnens, des Gebraucht-Werdens, der Beteiligung an der Gestaltung des Gewebes, das eine Gesellschaft zusammenhält, kann ungeheure Energie schenken.

Aller Trauer um den Verlust jugendlicher Kraft und Leichtigkeit zum Trotz bringt die Mitte des Lebens ganz offensichtlich auch neuen Mut, das Wichtige vom Unwichtigen zu unterscheiden und neue Wege zu gehen. Abseits von Konventionen bringt sie den Mut, etwas ganz anderes zu wagen. Luise Rinser hat einen interessanten Beziehungsroman geschrieben mit dem Titel »Mitte des Lebens«. Sie setzt ihn fort mit einem zweiten Band »Abenteuer der Tugend«, in dem es ernüchternd heißt: »Aber was ist ›leben‹? Tun, was man will? Das glaubt man, wenn man jung ist. Leben bedeutet immer: tun, was man soll. Ich glaube fast, es ist gleichgültig, was man tut. Es kommt nur auf die Intensität an, mit der man es tut.«[27] Ist das ein Fazit in der Mitte des Lebens, eingebunden in die eingegangenen Verpflichtungen beruflicher und privater Art, nur noch zu tun, was du sollst, nicht mehr, was du willst? Das wäre eine traurige Wahrheit. Ob deshalb so viele versuchen, die Mitte des Lebens zu vermeiden, sozusagen von Jung nach Alt ohne Zwischenhalt, oder gar aus allem auszubrechen in der Mitte des Lebens?

Wer sich in der Mitte des Lebens befindet, kann nicht nur freier, sondern auch mutiger werden. Wie sehr hat mich früher Kritik getroffen, wie tief hat es mich verletzt, wenn andere mich angegriffen haben wegen einer Meinung, die ich vertreten habe. Wie viel Angst gab es auch, das Falsche zu tun oder zu sagen. Älter geworden, ist mir Kritik noch immer wichtig, denn wer das eigene Reden und Handeln nicht von außen spiegeln lässt, wer nicht mehr bereit ist, eigene Positionen zu überdenken, wird seltsam starr und letzten Endes uninteressant. Aber ich empfinde auch eine größere Gelassenheit. Das wurde mir bewusst, als ich in einer Pressemeldung las, in einem Buch werde mir »mangelnde theologische Bildung« vorgeworfen. Früher hätte mich das tief getroffen. Heute habe ich darüber eher geschmunzelt und gedacht, wer es nötig hat, die eigene Bildung kundzutun, indem er sie anderen abspricht, entlarvt sich doch nur selbst.

Ich erlebe, in der Mitte des Lebens entsteht eine größere Ruhe, weniger Aufgeregtheit. Dazu ist es aber auch nötig, diese Ruhe zuzulassen. Um unsere Kräfte zu finden, müssen wir ihnen auch Raum geben, zu wachsen. Stille Zeiten, Rückzugszeiten, bewusste Erfahrungen seelischer und körperlicher Erholung, auch hier eine Balance zwischen Schaffen und Ruhen, zwischen Anforderung und Gelassenheit. Angesichts von allem, was ich erlebt und erfahren habe, angesichts der Erfahrung auch, dass ich heute schneller erschöpft bin als mit 30, kann ich akzeptieren, wo meine Grenzen sind, was ich brauche, damit ich im Gleichgewicht bin, und mir dafür die Zeit nehmen, die ich benötige. Werde ich heute gefragt, wie ich es geschafft habe, vier Kinder groß zu ziehen und gleichzeitig berufstätig zu sein, kann ich es gar nicht mehr sagen. Was ich weiß: Heute würde ich es nicht mehr schaffen wie damals. »Alles hat seine Zeit«[28], heißt es in der Bibel. Und so hat auch das Krafthaben seine Zeit und das Kräftesammeln.

Bei allem: Eine Sorge bleibt für mich. Vielleicht werde ich zu ruhig? Was hat mich einst die Ungerechtigkeit der Welt aufgebracht! Wie habe ich mich engagiert! Gerechtigkeit, Frieden und

Bewahrung der Schöpfung, die Anliegen des Konziliaren Prozesses, wie sehr war ich dafür unterwegs! Und wie unverändert zentral sind die Themen für eine Welt in Finanzkrise und Klimakatastrophe! Innere Ruhe sollte sicher auch keine Beruhigungspille werden. Obwohl natürlich auch das eine Erfahrung jeder Generation ist: Die Aufbrüche der Jugendzeit, das radikale Anfragen, sie werden etwas matter. Wir werden ruhiger. Aber wie gesagt, allzu ruhig wäre auch nicht gut in einer Welt, die so viel Elend und Unrecht kennt.

17   In: ZEIT-Magazin Nr. 25, 11.6.2009.
18   Leicht veränderte Fassung von: »Mit den Augen der Liebe« in: Der Überblick. Bonn 4/2004, S. 106 ff.
19   Psalm 45,3.
20   Vgl. FR online 10.08.2004.
21   Fulbert Steffensky, Die Schwachheit und die Kraft des Betens, in: Das Beten – Herzstück der Spiritualität, hg.v. VELKD. Hannover 2005, S. 9ff.; S. 12f.
22   Jeremia 1,7f.
23   In dem Buch »Mit Herzen, Mund und Händen. Spiritualität im Alltag leben« (Gütersloh 2007) habe ich versucht, Anregungen dafür zu geben, wie wir mitten im Alltag solche spirituellen Elemente einbauen können.
24   Brodersen/Zucker, a.a.O., S. 95.
25   Stay wild statt Burnout. Leben im Gleichgewicht, hg. v. Susanne Breit-Keßler und Norbert Dennerlein, Gütersloh 2009.
26   Ebd. S. 62.
27   Luise Rinser, Abenteuer der Tugend, Frankfurt 1969, S. 117.
28   Prediger 3.

Veränderungen wagen

Wer die Fünfzig überschreitet, wird damit konfrontiert, an Grenzen zu stoßen. Es entsteht ein Bewusstsein für die Begrenzungen der Möglichkeiten. Ich werde keine Kinder mehr bekommen, nicht mehr Leistungssportlerin werden, keinen neuen Beruf finden. Trotzdem ist da nicht nur ein »Nicht mehr« – es gibt auch die Chance zu neuen Aufbrüchen. Da kann eine frische Liebe überraschend ins Leben brechen, sich eine neue Aufgabe im Leben ergeben, ich kann einen Sport finden, der mich glücklich macht. Und dann geht es darum, zuzulassen, dass Neues sich ereignet, sich überraschende Abzweigungen im Leben zeigen, auch wenn wir die Mitte überschritten haben. Es gilt, sich eine Neugier auf das Leben zu erhalten. Und wir werden mutiger, wichtig und unwichtig zu unterscheiden, denke ich – weil wir zu alt werden, um länger zu machen oder mitzumachen, was letztlich nicht wichtig für uns ist. Unterscheiden, auswählen heißt auf griechisch *krinein*. Das meint also kritisch sein: die Stimmen unterscheiden, sorgfältig prüfen, und Kriterien finden für den eigenen Weg.

Grenzen erkennen

... und es erging Sara nicht mehr nach Frauenart ...[29]

Wenn ich zurückdenke, merke ich, wie sich die Wahrnehmung verschiebt: Von meiner Großmutter dachte ich immer, sie sei eine alte Frau gewesen, als sie den Zweiten Weltkrieg, Besatzung und Vertreibung erlebte. Sie war 49 Jahre alt, als sie Hinterpommern verlassen musste – jünger als ich heute! Doch sie galt damals offenbar unhinterfragt als alt. Und dabei hatte sie zu diesem Zeitpunkt gerade erst knapp die Hälfte ihres Lebens gelebt – sie ist am Ende 96 Jahre alt geworden, ich habe sie 1987 beerdigt. Was hat sich seither für Frauen verändert, das ist doch sehr positiv! 50-jährige, 60-jährige, 70- und 80-jährige Frauen leben heute oft viel selbstbewusster und selbstbestimmter. Natürlich erleben die Alten heute auch das: Die Jungen werden ungeduldig an der Supermarktkasse, der Arzt überlegt, ob sich die Hüftoperation überhaupt noch lohnt, und in den Todesanzeigen erscheinen immer häufiger die eigenen Jahrgänge.

Oder ist es schlicht nichts anderes als subjektive Wahrnehmung, wie wir das – unser – Lebensalter empfinden? Zu meinem 50. Geburtstag erhielt ich folgendes Gedicht:

> *Das große Glück, noch klein zu sein*
> *sieht wohl der Mensch als Kind nicht ein,*
> *und möchte, dass er ungefähr*
> *schon 16 oder 17 wär.*
> *Doch dann mit 18 denkt er: Halt,*
> *wer über 20 ist, ist alt.*
> *Kaum ist die 20 grad geschafft,*
> *erscheint die 30 greisenhaft.*
> *Und dann die 40, welche Wende,*
> *die 50 gilt beinah als Ende.*
>
> *Doch nach der 50, peu à peu,*
> *schraubt man das Ende in die Höh.*
> *Die 60 scheint jetzt ganz passabel*
> *Und erst die 70 miserabel.*
> *Mit 70 aber hofft man still,*
> *ich werde 80, so Gott will.*

Wer dann die 80 überlebt,
zielsicher nach der 90 strebt.
Dort angelangt, zählt man geschwind,
die Leute, die noch älter sind.[30]

Gibt es wohl eine »Kunst des Alterns«? Und wenn ja, wie sieht sie aus, lässt sie sich erlernen? Wird der Mensch dann weise, entsteht sozusagen ein ausgeglichenes, von Erfahrung gereiftes Leben? Oder ist das reine Selbsttäuschung? Weil der Mensch alt wird, ob er will oder nicht und Altern nun mal viele negative Seiten hat? Als ich mit der inzwischen verstorbenen Schweizer Theologin Marga Bührig eines Abends bei einem Glas Rotwein zusammensaß und wir ein intensives Gespräch über das Leben führten, sagte sie nachdrücklich: »Weißt du, ich hasse es, alt zu werden, es ist einfach nur scheußlich!« Das war sehr ehrlich gemeint. Sie hasste es, wie alles langsamer ging, dass hier ein Zipperlein auftrat und da eine Fähigkeit abnahm. Es wird oft belächelt, wenn alternde Frauen über ihre gesundheitlichen Probleme sprechen. Frauen werden heute in Westeuropa ja älter als je zuvor. Früher war es vor allem das Gebären, das ihnen einen frühen Tod brachte. Diese Gefährdung hat durch den Zugang zu Verhütungsmitteln, die gute Ernährung und medizinische Versorgung sowie die veränderten Lebensbedingungen in den westlichen Industrienationen rapide abgenommen. Aber trotzdem ist Altern mit dem Schmerz verbunden, Abschied nehmen zu müssen von jugendlicher Gestaltungskraft, von hochfliegenden Zukunftsplänen. Wer altert, muss zurückblicken, nicht Gelungenes sehen, Trauer über Versäumtes bewältigen. Und mit dem Älterwerden kommen auch gesundheitliche Probleme – ein notwendiges Verlangsamen in einer Zeit, die Geschwindigkeit und Mobilität so sehr liebt. Grenzen werden ganz individuell sichtbar in einer Gesellschaft, die gerne unbegrenzte Möglichkeiten preist.

Frauen altern anders als Männer und stehen dabei auch vor ganz eigenen Herausforderungen. Dabei scheint das Klimakterium eines der letzten großen Tabus zu sein. Wer redet schon darüber? Hitzewallungen, Kopfschmerzen, und: Die Periode bleibt aus! Was das bedeutet, weiß schon die Bibel, wenn es etwa im 1. Buch Mose heißt: »Sara ging es nicht mehr nach der Frauen Weise«. Für viele Frauen ist das ein entscheidender Einschnitt. Seit der Pubertät hat die Periode sie begleitet, manches Mal sie belastet, ihr Eintreten wurde ersehnt oder verwünscht, und jetzt wird erkennbar: Ein neuer Lebensabschnitt beginnt. Offen gestanden fand ich es eine erfreuliche Mitteilung, als meine Gynäkologin mir sagte, der Hormonspiegel zeige, ich könne nun nicht mehr schwanger werden. Aber mit dem Abschied von der Gebärfähigkeit ist eine endgültige Weichenstellung verbunden. Habe ich bis dahin keine Kinder bekommen, so ist die Möglichkeit jetzt erkennbar vorbei. Darunter leiden Frauen, die keine Kinder haben, oft besonders. Die Kinder-Option ist schlicht keine mehr. Das ist wie eine Schallmauer, eine unüberwindliche Grenze. Wer zu lange überlegt hat, wird jetzt von der biologischen Uhr mit Tatsachen konfrontiert. Wer nicht überlegt hat, wird womöglich jetzt sehr nachdenklich. Viele Frauen, die viel überlegt haben, erleben diese Zeit als eine Zeit großer Trauer. Sie hätten gern ein Kind gehabt, aber ihr Lebenslauf war einer, der es nicht möglich gemacht hat.

Dann gibt es bei vielen Frauen in den 40ern auch Verknotungen in der Gebärmutter, manchmal verbunden mit Ausschabungen, bei anderen gar mit der Gebärmutterentfernung. »Die Totale« wurde das damals geheimnisvoll von meiner Mutter und ihren Bekannten genannt. In der Runde von Freundinnen Ende vierzig, Anfang fünfzig kann so ein Gespräch über Klimakterium und Gebärmutter schnell ganz existenziell werden. Alle Lebensentwürfe, die gelungenen und die gescheiterten, kommen auf den Tisch. Hoffnungen, Träume, Pläne. Wie wichtig ist das, dass darüber gesprochen wird! Das ist ja ein echter Gewinn der vergangenen Jahre, finde ich: Frauen untereinander sind sprachfähiger geworden, können lachen über die Komik, die sich in manchem zeigt, finden aber auch Raum beieinander, um zu klagen über nicht gelungene Lebensentwürfe, verpasste Chancen, falsche Entscheidungen. Und das tut gut. Gerade die Trauer um das, was ich verpasst habe, sie braucht ja Raum. Die Ballade von Lucy Jordan, von der Marianne Faithfull singt, hat mich bei diesem Gedanken oft bewegt. »At the age of 37 she realized, she´d never ride through Paris in a sportscar with the warm wind in her hair« – mit 37 begreift sie, dass sie niemals in einem Cabrio durch Paris fahren würde. In dieser Ballade springt Lucy Jordan vom Dach – ein trauriges Lied, das von einer Frau erzählt, die nicht damit fertig wird, dass sie ihre Träume nicht verwirklich hat, die aber auch keine Hoffnung mehr hat, dass Neues möglich ist in ihrem Alter.

Nach meiner Erfahrung sind die unterschiedlichen Lebensentwürfe heute keine Hemmschwellen mehr für Freundschaften zwischen Frauen mit Kind und ohne Kind, Frauen mit Berufstätigkeit und ohne, zwischen Geschiedenen, Singles und Ehefrauen. Das tut gut, sich austauschen können, Tabus überwinden, Worte finden, lachen, weinen und reden; altern in Gemeinschaft. Der Film »Sex and the City« ist trotz aller Hollywoodklischees, die erfüllt werden, ein schönes Beispiel dafür. Diese Frauen reden ununterbrochen miteinander, oft oberflächlich, sicher, aber oft auch mit feinsinnigem Humor für die eigenen Schwächen wie die der anderen. Und am Ende feiern sie zusammen den 50. Geburtstag, den die Älteste von ihnen als Erste erlebt. Interessant finde ich, dass es noch vor etwa 20 Jahren ein Hollywoodfilm war, der diesen berühmten Satz verbreitete: dass es für eine Single-Frau über 35 wahrscheinlicher sei, mitten in Manhattan von einem Meteoriten erschlagen zu werden, als noch einen Mann zu finden. Da scheint sich selbst in der nicht gerade fortschrittlichen Film-Welt die Wahrnehmung verändert zu haben … Und im Alltag vieler ist es durchaus normal geworden, auf Partnersuche im Internet zu sein. Das hat keinen despektierlichen Klang mehr. Dadurch, dass Menschen isolierter voneinander leben, ist das Internet eine Möglichkeit, sich kennenzulernen, die nichts Anrüchiges mehr hat. Inzwischen gibt es Angebote der unterschiedlichsten Art, auch für Senioren, die vollkommen seriös sind.

Aber natürlich gibt es auch Belastungen in der Mitte des Lebens, Erfahrungen und Situationen, in denen Menschen sich fühlen wie in einer Sackgasse angekommen. Ein Beispiel ist die Bitterkeit der um einer anderen willen verlassenen Ehefrau. Selten findet sie einen Raum, in dem sie sich artikulieren kann. Oft haben andere für sie eher nur Mitleid übrig – »verlassene Ehefrau« ist nicht gerade ein Ehrentitel. Sie soll sich halt arrangieren. Und wenn sie einen sogenannten Rosenkrieg führt, ihre Bitterkeit zum Ausdruck bringt, wird aus Mitleid schnell Verachtung. Immer wieder nehmen Frauen in dieser Situation wahr, dass zu Geburtstagen oder gemeinsamen Essen weniger Einladungen kommen oder sie die Einladungen weniger gern annehmen, wenn sie als Single unter Paaren sind. Schritt für Schritt kann es so zu einer zunehmenden Isolierung kommen.

Männer in diesem Alter finden offenbar relativ schnell eine neue Partnerin oder Ehefrau – oft ist diese 10 bis 20 Jahre jünger … Deshalb werden Männer immer häufiger in einer zweiten oder auch dritten Ehe mit einer jeweils jüngeren Frau auch ein zweites oder drittes Mal Vater. Da erzählt mir jemand begeistert: »Herr X ist mit 60 noch einmal Vater eines kleinen Jungen geworden, ist das nicht wunderbar?« Ironisch frage ich: »Ist seine Frau auch 60?« Nein, ist sie selbstverständlich nicht, sondern Mitte 30. Auch wenn wir ab und an lesen, dass über 50-jährige Frauen dank Invitrofertilisation Kinder austragen, ist das eine seltene Ausnahme. Schon ab 35 gilt eine Frau als »Spätgebärende«. »Das hört sich doch furchtbar an!«, empörte sich eine Freundin. Gibt es eigentlich einen ähnlichen Begriff für die alten Väter? Und: Ist eine so späte Vaterschaft wirklich so großartig? Wenn jener Sohn von Herrn X in die Pubertät kommt, ist der Vater weit über 70 – dann hat er wohl kaum die Kraft zur notwendigen Auseinandersetzung. Wie wird die dann – relativ gesehen – immer noch junge Frau mit dem alten Mann in ihrem Leben umgehen? Hat sie dann nicht ganz andere Wünsche für ihren Alltag als ihr Partner? Hat sie am Anfang der Beziehung den älteren, beruflich etablierten, lebenserfahrenen

Mann gefunden und auch ihren Kinderwunsch mit ihm erfüllt, ist sie jetzt Mutter, häufig zugleich in der versorgenden Tochterrolle einem alten Vater gegenüber und eben oft auch zusätzlich noch die Versorgende für ihren deutlich älteren Mann. Sie trägt damit weit vor ihrer Zeit schon die Last des Alters – und zwar ihres Partners. Auch für diese Frauen ist es schwer, die Belastung zu thematisieren, denn sie haben sich ja selbst für diesen Partner entschieden. Es sind dann Frauen, die selbst berufstätig sind, hoch engagiert in ihrem Bereich, für die es eine Belastung darstellt, wenn sie nach Hause kommen zu ihrem Mann – der den ganzen Tag darauf gewartet hat, dass sie kommt, dass sie sich kümmert, dass sie kocht. Auch das fühlt sich für manche wie eine Sackgasse an.

In der Welt des 21. Jahrhunderts wollen alle alt werden, aber niemand will alt sein. Frauen, die alt sind oder jedenfalls alt aussehen, kommen in den Bildern der Öffentlichkeit gar nicht mehr vor. Schauen wir uns allein die Filme aus Hollywood an. Da werden 60-Jährige von 40-Jährigen gespielt! Alt wird höchstens die Dame, die Knoblauchpillen nimmt und fit wie ein Turnschuh aussieht. Und so kämpfen gerade Frauen heftig gegen das Altern an, um nicht im Raum des Nicht-Gesehen-Werdens zu verschwinden. Scheinbar sinkt die Attraktivität von Frauen mit jedem grauen Haar, jeder Falte, jedem Kilo mehr auf den Hüften – und Frauen, die nicht attraktiv sind, werden nicht wahrgenommen. So kann es passieren, dass sie sich selbst nicht mehr wichtig nehmen: »Ein teures Kostüm würde ich mir nicht mehr kaufen«, sagte mir eine Frau Mitte 50, »deine Figur geht doch eh' auseinander, ob du willst oder nicht!« Das ist unendlich traurig, weil sie sich selbst nichts Gutes mehr tun kann.

Frauen, die älter werden, nähern sich immer öfter auch dem Thema Sterben bewusst an. Wenn sie es nicht verdrängen, fragen sich viele, wie sie wohl die *Ars moriendi*, die Kunst des Sterbens, neu entdecken könnten. Denn das gehört ja zum Altern, sich der Endlichkeit des Lebens bewusster zu werden. Da sind die Dinge, die endgültig vorbei sind – ich werde mit 70 Jahren nicht mehr Abfahrtski lernen. Und es gibt körperliche Veränderungen, die unausweichlich sind. So setzt, wenn wir bedenken, dass wir sterben müssen, wie es in Psalm 90 so treffend heißt, auch Klugheit ein. Viele Frauen, die ihre eigene Pflege nicht anderen anlasten wollen, überlegen sehr bewusst, wie das denn später zu organisieren wäre, so dass nicht eine zur Last der anderen wird, aber sie sich gegenseitig helfen und begleiten. Denn auch darüber will ja im Alter nachgedacht werden. Allzu viele verdrängen diese Frage und können dann nicht mehr mündig entscheiden. Angehörige wurden und werden bis heute in der Regel von Frauen gepflegt (s.o.). Vielleicht haben sie deshalb die größere Freiheit, auch offen darüber zu sprechen.

Ja, Altern ist eine Kunst. Mir ist bewusst, dass sie nicht immer gelingt, dass es auch schwer sein kann, mit manchem umzugehen, was kommen wird. Für mich persönlich ist Altern aber auch unbedingt mit Gelassenheit und Heiterkeit verbunden. Ich habe zu manchen Dingen mehr Abstand. Ich muss nicht alles – und auch nicht mich selbst – ununterbrochen nur ernst nehmen. Ich habe den Luxus, mir Zeit für mich zu nehmen. Meine Töchter sind selbstständig, ich muss mich nicht ständig kümmern und sorgen, so sehr ich sie liebe und begleite. Freiheit wächst und durchaus auch Weisheit, hoffe ich. Ja, ich schaue nach vorn, weiß, dass nicht mehr alles so locker und schnell gehen wird. Aber ich habe Freundinnen, mit denen ich darüber reden kann, auch über unsere Verschiedenheiten, über Schwächen – und darüber können wir auch lachen. Und ich kann junge Frauen sehen, begeistert sein, wie wunderschön ein Minirock bei ihnen aussieht – und mich doch auch wohlfühlen mit mir selbst. Was haben wir Frauen in Westeuropa auch für einen Luxus, heute so alt werden zu dürfen! Wie viele Frauen in den Generationen vor uns und in Ländern des Südens heute beneiden uns darum. Ich bin froh, heute und hier als Frau leben zu dürfen und bin gespannt aufs Altwerden ... so Gott will und ich es erlebe. Bei all diesen Gedanken und dem Blick nach vorne ist mir das Engagement für ein Sterben in Würde wichtig. Ich habe gerade erst die Fünfzig überschritten und kann

sicher nicht genau nachempfinden, wie das mit sechzig oder sieb-
zig oder achtzig ist. Gerade in Zeiten des Jugendwahns gilt es, die
Kunst des Alterns neu zu lernen. Da können wir auch andere Kulturen bewusst wahrnehmen, die wesentlich mehr Respekt vor der
Erfahrung des Alters haben, das Besondere dieser Lebensphase
sehen. Aber die Erwartung dieses Respekts kann nicht nach außen
gerichtet werden, wenn ich ihn nicht für mich selbst entdecke.
»Ich werde alt« will ich nicht nur mit Bedauern sagen, sondern
auch mit Dankbarkeit für das Gewesene und mit Freude am Jetzt
und Hier, mit Heiterkeit, einer Wahrnehmung der Freiheit, der
Offenheit, bewusst zu fragen, wie ich diese Lebensphase gestalten
will. Immer wieder zeigt eine Grenze, die ich erreiche, auch, dass
es – vielleicht anders – weitergeht.

Älter werden

Damals lebte in Jerusalem ein Mann namens Simeon.
Er war gerecht und gottesfürchtig und wartete auf den Trost Israels
und der Heilige Geist ruhte auf ihm.[31]

Alter als Alltag, die »dritte Lebensphase«, wird immer differenzier-
ter erlebt und betrachtet. Schon ist von den »Jungsenioren« die
Rede, was wohl diejenigen meint, die zwar im Ruhestand, aber
noch fit sind und vor allem Geld ausgeben können. Sie sind eine
gefragte Zielgruppe, von Reisen bis zu Konsumgütern. Die Sache
mit dem Ruhestand aber ist beispielsweise in den USA derzeit eine
ambivalente: Aufgrund der Bankenkrise werden für viele ihre Er-
sparnisse nicht reichen, um sich zu versorgen. Immer öfter sind
dort jetzt schon Menschen anzutreffen, die auch mit 75 noch erwerbstätig sind. Das habe ich vor Kurzem in Atlanta erlebt: Ein
sehr alter Mann packte meine Einkäufe in eine Tasche und brachte
sie zum Auto. Mir war das unangenehm, es fühlte sich falsch an …

Gleich nachdem in der Bibel von der Geburt Jesu erzählt wird, richtet das Lukasevangelium den Blick auf das Alter, das Lebensende. Erzählt wird von Hanna und Simeon, die Jesus, den Säugling sehen: Er kam vom Geist getrieben in den Tempel, und als die Eltern das Kind Jesus hereinbrachten, um nach dem Brauch des Gesetzes an ihm zu tun, nahm er es in seine Arme und lobte Gott: Nun entlässt du deinen Diener, Herr, nach deinem Wort in Frieden; denn meine Augen haben dein Heil gesehen ... Es war da auch eine Prophetin Hanna. ... Sie kam zu derselben Stunde hinzu, lobte Gott und sprach von dem Kind zu allen, die auf die Erlösung Jerusalems warteten. (Lukas 2,27ff.)

Da sitzen sie, zwei alte Menschen, wie sie es immer tun: warten, schauen mit Ruhe – im Ruhestand. Manche mögen diesen Begriff ja überhaupt nicht, ich weiß. Sie empfinden sich als aktiv und viele, wenn es körperlich möglich ist, sind das ja auch. Da gibt es eine Abwehr gegen den Begriff »Ruhestand«, oder »in Ruhe«, die schon signalisiert, dass jemand ein Problem hat. Der biblische Simeon lebte im Gegensatz zu vielen alten Menschen offenbar nicht in der Vergangenheit, nicht von dem, was war. Er lebte als Wartender, als Er-wartender. Genauso geht es der alten Hanna in dieser Erzählung – sie lebt in und von der Hoffnung, dass noch etwas kommen kann, dass sich das Entscheidende noch ereignen kann in ihrem Leben: Das ist eine neue Perspektive auf den Lebensabend! Nicht: Alles ist vorbei, jetzt kommt nur noch das Ende. Vielmehr: Das Schöne kann immer noch kommen, das, was ich mir wünsche, kann auch am Ende meines Lebens noch möglich sein und eintreten!

In unseren Breitengraden wird das Alter fast ausschließlich negativ gesehen. Wir nehmen wahr, wie etwa die Bedingungen in der Pflege zum Teil dramatische Zustände bringen, es gibt berechtigte Angst vor dem Alter. Dabei lassen wir zwei Punkte außer Acht – Hanna und Simeon zeigen sie. Zum einen kann ich im Alter und mit der Weisheit des Alters manches in neuem Licht sehen. Etwa erkennen: Das, was ich so sehr ersehnt habe, ist ganz anders, wenn es denn kommt. Hannas Erwartungen an den Messias waren bestimmt andere, sehr wahrscheinlich hat sie einen mächtigen König erwartet, kein kleines Kind. Aber Altersweisheit weiß auch: Ich kann annehmen, was denn kommt. Nicht meine Forderungen und Erwartungen stehen im Vordergrund, vielmehr hat das Leben mich gelehrt: das, was kommt, aus Gottes Hand zu nehmen, ohne ständig zu ringen und zu hadern, dass es doch bitte ganz anders sein soll.

Bei Simeon zeigt sich zudem auch eine gewisse Alterszufriedenheit oder auch Sattheit im Positiven. Sein Leben lang hat er gewartet, nun kann er in Frieden gehen. – Vor Kurzem ist der älteste Sohn einer meiner Schwestern Vater geworden. Als meine 86-jährige Mutter den kleinen Urenkel sah und streichelte, sagte sie, sie habe das Gefühl, nun könne sie abtreten, mit diesem Kind schließe sich doch irgendwie ein Lebenskreis. Mich hat das sehr angerührt. Ich bin überzeugt, viele Menschen in unserem Land sind so fixiert darauf, lange zu leben und ohne Leid zu leben und schließlich möglichst auch leidfrei zu sterben, dass sie solche Alterssattheit, solches Genug des Lebens ganz im Guten und Erfüllten gar nicht sehen können.

Als ich mich vor Jahren mit dem evangelischen Theologen Heinz Zahrnt, für den ich 2003 die Trauerfeier gehalten habe, unterhielt, meinte er, ewiges Leben in dieser Welt sei doch nun wirklich keine attraktive Vorstellung. Er konnte das mit großem Humor beim Essen ausführlich darstellen. Zahrnt hat diesen Gedanken schriftlich so festgehalten: »Allein durch die Abschaffung des Todes entstünde noch kein ›ewiges Leben‹ – dadurch ergäbe sich nur eine Fortsetzung des hiesigen Lebens in unaufhörlicher Dauer. Und wer vermöchte dies zu ertragen? Schon bald würden wir zum Augenblick nicht mehr sprechen: ›Verweile doch, du bist so schön‹, sondern uns den Tod mit allen Kräften herbeiwünschen. Für immer leben, das wäre nicht das ewige Leben – es wäre die ewige Hölle.«[32] Ein wichtiger Gedanke ist das für mich. So ungern wir diese Welt verlassen, so sehr wir am Leben hängen, so ist doch die Vorstellung, immer hier zu leben, merkwürdig und nicht wirklich verlockend. Es kann uns große innere Freiheit geben, das zu sehen.

Die beiden genannten Haltungen, die Erwartungen im Alter wie die Alterssattheit, bringen Konsequenzen mit sich. Wenn ich auch jenseits der Lebensmitte davon überzeugt bin, dass das Gute in meinem Leben durchaus noch kommen kann, prägt das die Grundeinstellung, die ich dann im Alter habe. In den zurzeit geführten Debatten um aktive Sterbehilfe erschreckt mich vor allem die hohe Zahl von Alterssuiziden. Altersdepression und Selbstmordgedanken betagter Patientinnen und Patienten werden in der Gesellschaft offenbar eher übersehen und von Ärztinnen und Ärzten nicht ausreichend behandelt. Senioren sind die Altersgruppe mit der höchsten Suizidrate, mehr als jeder zweite Selbstmord einer Frau wird von einer über 60-Jährigen begangen![33] Wie können wir deutlicher machen, dass Pflegebedürftigkeit nicht mit Belastung gleichzusetzen ist, dass wir Menschen auch schätzen und brauchen, dass sie eine eigene Würde haben, wenn sie auf Hilfe angewiesen sind? »Wenn ich alten Menschen täglich signalisiere, dass sie eine Belastung sind und dass sie nicht zu finanzieren sind, dann ist das eine kollektive Aufforderung zum Selbstmord!«, sagt der Münchner Pflegeexperte Claus Fussek. Vielleicht können wir Hanna und Simeon in diesen Debatten ja neu als Vorbilder entdecken, sich mit Altersweisheit und gleichzeitiger Offenheit für Neues auch am Lebensende glaubensstark ganz in Gottes Hand zu begeben. Ihr Bild zeigt eine große innere Freiheit. Sie haben ihr Leben gelebt, aber sie sind nicht verzagt. Sie bleiben gespannt auf das, was noch kommt. Sie strahlen durch die Jahrhunderte hindurch eine tiefe innere Zufriedenheit aus. Altwerden als ein Freierwerden zu begreifen, das ist wahrscheinlich Teil der Kunst des Alterns.

In Psalm 124 heißt es: »Unsre Seele ist entronnen wie ein Vogel dem Netze des Vogelfängers; das Netz ist zerrissen, und wir sind frei« (Vers 7). Ein schönes Bild. Die Freiheit von den Verpflichtungen des Berufes, der Versorgung der Kinder und auch von allzu vielen Rücksichtnahmen. Aufstehen, wann ich mag, die Zeit einteilen, wie ich will, tun, was ich will. Ein ideales Bild von »Ruhestand«. Aber dieser Ruhestand will auch vorbereitet werden, damit die Freiheit nicht zur Enttäuschung oder Belastung wird. Für viele kommt der große Lebensumbruch schon Mitte 50 oder Anfang 60. Sie waren erwerbstätig und sehen sich plötzlich vor einer Leere, weil der Rhythmus fehlt. Warum aufstehen, wenn es nichts zu tun gibt? Keine Arbeit auf mich wartet? In meiner Bank verabschiedete sich neulich eine Dame von mir, sie sei nun 65, habe schon ein halbes Jahr verlängern lassen, aber nun müsse sie gehen. Sie wolle eigentlich nicht, Arbeit war so wichtig im Leben …

Ich denke, es ist wichtig, zum einen schon relativ früh zu bedenken, was mir in den letzten zehn, 15 Berufsjahren vor allem wichtig ist, was ich noch tun will. Zum anderen aber auch zu überlegen, wie ich meinen Ruhestand gestalten will. Ich erlebe Menschen da sehr unterschiedlich. Die einen sprühen vor Aktivität und Lebenslust und genießen in der Tat die neue Freiheit. Die anderen sind verunsichert und ziehen sich mehr und mehr zurück. Dabei haben Frauen es in dieser Phase offensichtlich leichter. Durch ihre sozialen Aktivitäten bleiben sie vielfach eingebunden in Beziehungen, und die Haushaltsanforderungen, die in der Regel bei ihnen liegen, geben Verpflichtungen vor. Das Älterwerden ist eine Herausforderung und eine Kunst, die eingeübt werden kann. Die Freiheit, die es mit sich bringt, will gestaltet sein, das ist deutlich.

29   1. Mose/Genesis 18,11.
30   Autor und Quelle unklar – ist es Eugen Roth, Wilhelm Busch oder jemand anders?
31   Lukas 2,25.
32   Heinz Zahrnt, Glaube unter leerem Himmel, München 2000, S. 250.
33   Vgl. SZ, 3. Juli 2008.

Lebenserfahrungen machen

Kein Leben verläuft gerade, einfach so, nach Plan, oder immer im Aufwind. Es gibt Höhen und Tiefen. Mir ist wichtig, die schweren Zeiten nicht als verlorene Zeit zu sehen, sondern als Zeit der Reife. Die Tiefe des Lebens erfahren wir gerade in Zeiten von Angst, Krankheit und Konflikt. Allzu glatte Bilder nach außen sind ja oft auch Fassaden, die das Innere verdecken, das womöglich anders aussieht. Es ist eine Frage der Freiheit und ja, wiederum der Balance, die schweren Zeiten bewusst zu erleben.

Wüsten durchqueren [34]

> *Danach wurde Jesus vom Geist in die Wüste geführt,*
> *um vom Teufel versucht zu werden.* [35]

Auch wenn wir die Wüstenerfahrung nicht suchen: Manchmal finden wir uns vor in der eigenen Wüste des Lebens, gerade dann, wenn wir den Zenit überschritten haben und auf der Suche nach der Mitte sind. Wir erleben die Wüste der Einsamkeit, der Trauer, der Krankheit, des Versagens. Wüstenzeit, auf sich geworfen sein – allein mit sich und manchmal, wenn es sein kann, mit Gott allein. Es gibt natürlich aber auch eine Wüstenzeit des Glaubens: Gibt es Gott? Wie kann Gott das zulassen? Warum steht Gott mir nicht bei?

Wer in die Wüste geht, ist getrieben von der Sehnsucht nach Klärung. Nein, das ist nicht das Abenteuer und die Rallye Paris –

Dakar … Da ist nichts Sensationelles, sondern Einsamkeit. In der Wüste geht es um den Mut, sich selbst gegenüberzustehen. Oder sich selbst und Gott. Wer in die Wüste geht, kann niemandem mehr etwas vormachen. Da bin ich nur ich. Keine Fassade. Kein schöner Schein. Kein *big pretender.*

Wüstenzeit ist Zeit der Sensibilität, des Schutzlos-Seins. Ausgesetzt der Sonne, dem Hunger, den Gefahren des Lebens und der Kälte der Nacht. Hier geht es nicht um Überlebenstraining und schöne Sonnenuntergänge. Wüste steht in der Bibel für Einsamkeit und für das Selbst. Für Selbst-Erfahrung. Und für Gotteserfahrung. Wüste ist auch ein Auf-Sich-Geworfen-Sein. Eine Wüstenzeit suchen sich nur wenige Menschen freiwillig. Und doch müssen die meisten Menschen sie irgendwann und irgendwie erleben und durchleben.

Vier Tage können da schon zu viel sein, unerträglich. Von vierzig Tagen ganz zu schweigen – eine überlange Zeit. Die Vierzig begegnet uns häufiger: Vierzig Tage lang fastet Jesus in der Wüste. Vierzig Jahre lang geht das Volk Israel durch die Wüste. Vierzig Tage verbringt Moses auf dem Berg Sinai, bevor ihm die Bundestafeln übergeben werden.

Wüstenzeit ist Zeit der Stille und Möglichkeit zum Hören auf die eigene Stimme tief drinnen, die sonst so leicht übertönt wird. Und sie ist eine Chance, neu zu hören auf Gott und das, was er zu sagen hat.

Jesus geht in die Wüste, freiwillig. Nein, nicht wirklich freiwillig: Der Geist führt ihn dorthin, heißt es. Ein Geführter. Ein Getriebener? Er setzt sich einer extremen Erfahrung aus. Ob er klären will, welches die richtigen Weichenstellungen für sein Leben sind? Nach der Wüste wird er öffentlich predigen, das Reich Gottes verkündigen. Er wird die Kraft haben, seinen ganz eigenen Weg zu gehen. Die Wüste wird zum Ort der Klärung der eigenen Berufung, zum Ort der Bewährung. Jesus hat das gewusst. Das Volk Israel hat es erlebt. Wüstenzeit lehrt, worauf es ankommt. Da wird das Stück Brot zum Leben und der Schluck Wasser zum

Genuss. Und tief drinnen spürt der Mensch: Es kommt darauf an, dass ich meine Seele nicht verliere. Meine Seele, meine Mitte, meine innere Balance. Denn was immer der Mensch auch durchmacht, seine Seele ist in ihm und sucht nach Leben und nach der lebendigen Beziehung zu Gott. In der Wüste! Und im Leben, das manchmal Wüste ist.

Jesus wird in die Wüste geführt, um Klarheit zu finden. Er muss verstehen, was sein Auftrag ist. Er geht bewusst, findet sich nicht einfach dort vor. Jesus sieht sich vom Geist geführt, von der Geistkraft. Er versteht, dass er diesen Weg in die Wüste alleine gehen muss, um die innere Klärung zu finden und die Kraft für seinen Auftrag. Anfang dreißig war Jesus bei dieser Erfahrung, aber sie steht gut für die notwendigen Klärungen in der Mitte des Lebens, die jeder und jede für sich allein finden muss.

Diese Einsamkeit auf der Suche nach dem eigenen Weg beschreibt Hilde Domin auf wunderbare Weise in einem Gedicht. Es hat mich auf einer Wüstenstrecke meines Lebens begleitet und ist mir wichtig geworden, weil es um die Wüste weiß, aber auch die Möglichkeit der Veränderung und der Erneuerung, die immer keimt.

Die schwersten Wege
werden alleine gegangen,
die Enttäuschung, der Verlust,
das Opfer,
sind einsam.
Selbst der Tote der jedem Ruf antwortet
und sich keiner Bitte versagt
steht uns nicht bei
und sieht zu
ob wir es vermögen.
Die Hände der Lebenden die sich ausstrecken
ohne uns zu erreichen
sind wie die Äste der Bäume im Winter.

Alle Vögel schweigen.
Man hört nur den eigenen Schritt
und den Schritt den der Fuß
noch nicht gegangen ist aber gehen wird.
Stehenbleiben und sich umdrehn
hilft nicht. Es muss gegangen sein.
Nimm eine Kerze in die Hand
wie in den Katakomben,
das kleine Licht atmet kaum.
Und doch, wenn du lange gegangen bist,
bleibt das Wunder nicht aus,
weil das Wunder immer geschieht,
und weil wir ohne die Gnade
nicht leben können:
die Kerze wird hell vom freien Atem des Tags,
du bläst sie lächelnd aus
wenn du in die Sonne trittst
und unter den blühenden Gärten
die Stadt vor dir liegt,
und in deinem Hause
dir der Tisch weiß gedeckt ist.
Und die verlierbaren Lebenden
und die unverlierbaren Toten
dir das Brot brechen und den Wein reichen –
und du ihre Stimmen wieder hörst
ganz nahe bei deinem Herzen.[36]

Jesus tritt am Ende wieder heraus aus der Wüste. Er findet die innere Kraft für seinen Weg. Er überwindet das Dunkel, er hört wieder die Stimmen der verlierbaren Lebenden und der unverlierbaren Toten. Sie brechen ihm Brot und reichen Wein.

Und eines Tages wird er wieder allein sein. In Gethsemane. Und schließlich auch am Kreuz. Und gerade so wird er für uns zu dem, der die Gnade und das Wunder spürbar werden lässt. Er ist das Licht, das uns die Angst nimmt, uns die Kerze ausblasen lässt. Der uns Brot und Wein reicht. Für unseren Weg. Als Wegzehrung. Wir bleiben nicht allein, sondern feiern miteinander und mit dem Auferstandenen, wenn wir Brot und Wein teilen. Als Fest des Lebens. Zu seinem Gedächtnis.

»Und siehe, da traten Engel zu ihm und dienten ihm« (Matthäus 4,11) – mit diesen Worten endet der Abschnitt über die Wüstenerfahrung Jesu. Andere werden ihm zu Engeln auf dem Weg. Tröstlich. Jesus hat das Schlimmste – vorerst – überstanden. Jetzt kann er neue Kraft schöpfen. Engel sorgen für ihn. Vielleicht sind es Menschen, die ihm in der Wüste etwas zu essen und zu trinken geben. Er spürt: Die Kraft kommt zurück. Auch das ist ja eine Lebenserfahrung mit fünfzig: Es gibt nach tiefen Tälern neue Anfänge. Ich komme zurück aus der Wüste, lasse diese dämonischen Stimmen hinter mir und kann meinen Weg gehen: meinen Weg auf Gottes Wegen. Mit anderen Menschen an meiner Seite.

Eine Journalistin fragte mich kürzlich im Interview, ob meine Krebserkrankung für mich eine Wüstenerfahrung gewesen sei. Nein, habe ich gesagt, die Krebserkrankung nicht. Da sind mir Wellen der Sympathie entgegengeschwappt. Mitleid, Betroffenheit, Angst vor Verlust, Zuneigung – in vielen Briefen und Blumensträußen wurde das bekundet und es hat mich sehr berührt.

Eine Wüstenerfahrung habe ich gemacht, als meine Scheidung öffentlich wurde. Einerseits waren da »Engel«, die mich getragen haben, meine Töchter, mein allernächstes Arbeitsumfeld in der Kanzlei, im Landeskirchenamt, im Bischofsrat, im Senat der Landeskirche. Aber es gab auch die Einsamkeitserfahrungen – Zurückweisung, Häme, Giftspritzen ohne Absender, Leserbriefe ohne Barmherzigkeit, die Freude am »tiefen Fall« eines Menschen, eine Lust geradezu an der Herabsetzung. Es gab dieses Gefühl, beobachtet zu werden: Hält sie durch oder nicht? Das ist überhaupt nicht erquicklich. Eine Wüstenerfahrung war das auch, weil ja nicht im Vorhinein klar ist, wie weit die Kraft trägt. Kann ich standhalten oder werde ich doch flüchten? Ertrage ich diesen Zugriff der Öffentlichkeit, die meint, mein Privatleben abschließend beurteilen zu können oder entziehe ich mich, gehe weg, trete die Flucht an in die USA oder in ein ganz anderes Leben ... Ich habe standgehalten, weil andere mir den Rücken gestärkt haben. Wüstenerfahrungen muss ein Mensch letzten Endes wohl immer allein durchstehen. Aber ich kann mir nicht vorstellen, sie zu bestehen ohne das Wissen um Menschen, die zu mir halten und wie eine Oase in der Wüste für mich sind.

Und nicht ohne meine Verwurzelung in meinem Glauben. Wenn heute viele auch gern mit Häme auf Menschen sehen, die sich im Glauben beheimatet wissen, wie Karen Duve jüngst im »Spiegel«[37], so spüren sie nichts von dem, was Glaubende hält und trägt, denke ich. Glaube ist, so sagt es Martin Luther, ein tiefes Vertrauen. Das lässt sich nicht verkaufen, nicht verordnen, kaum erzählen, sondern nur erfahren und erleben.

Gelernt habe ich in den Wüstenerfahrungen einerseits eine gewisse Ernüchterung, auch Demut: Ich habe nicht alles im Griff, nicht alles ist machbar oder kann selbstbestimmt geregelt werden. Das gilt auch für die Erfahrung, zu erleben, wie Menschen mich abstempeln, beurteilen, sich freuen an meinem Scheitern; das war neu und auch bitter für mich. Und gleichzeitig habe ich erlebt, wie andere mir zur Seite stehen, von denen ich es kaum erwartet habe. Das gehört vielleicht zu den überraschendsten Erfahrungen in der Mitte des Lebens, dass Menschen auch im positiven Sinne anders sein können, als ich es erwarte. Und dass ich erlebe, wie andere sich an mir festhalten, weil sie selbst mitten im Sturm stehen.

In den Wüstenzeiten unseres Lebens kommen wir ans Ende unserer Kraft. Aber aus solchen Zeiten der Klärung können wir eben auch gestärkt hervorgehen, uns neu orientieren und mit frischem Mut nach vorn weiterleben.

Gärten bewässern

Gott, der Herr, pflanzte einen Garten in Eden, im Osten, und setzte den Menschen hinein, den er gebildet hatte.[38]

Die Mitte des Lebens ist ganz gewiss nicht eine einzige Wüste. Sie bringt auch Erfahrungen des Glücks mit sich, der Freiheit, der Weisheit durch Erfahrung. Der Garten ist ein schönes Symbol dafür, finde ich. Ein neu angepflanzter Garten ist ja auch mit viel Anstrengung verbunden. Aber ein Garten, der schon länger da und bepflanzt ist, atmet etwas von Geborgenheit. Pflegen und wässern müssen wir ihn allerdings auch. Das gilt so sicher auch für unseren Lebensgarten in der Mitte des Lebens. Wir können nicht davon ausgehen, dass alles jetzt gut ist, wie es ist, oder auch schlecht ist, wie es ist, jedenfalls einfach nur so bleiben muss. Auch wenn vieles bereits fest gepflanzt ist, braucht es das Bewässern, kann plötzlich und manchmal ganz überraschend Neues aufblühen und muss auch hier und da mal ein alter Strauch oder ein wucherndes Unkraut entfernt werden.

Gärtnern ist ganz offensichtlich eine der beliebtesten Freizeitbeschäftigungen der modernen Gesellschaft. Auch wenn viele es sich gar nicht so klar machen – Gärtnern ist eine Aktivität, die Menschen glücklich macht. Der Duft regennasser Erde, taufeuchtes Gras und blühende Blumen, das Wachsen des Gepflanzten – im Garten zu sein ist eine Möglichkeit, in der technologisierten Gesellschaft Nähe zur Natur zu erfahren und tut einfach gut. Vielleicht hängt auch der Wunsch damit zusammen, eine kleine heile Welt zu schaffen mitten in einer großen Welt, von der wir wissen, dass sie ökologisch immer mehr zerstört wird. Regenwälder werden abgeholzt, das Eis der Pole schmilzt, Dürre breitet sich aus – da ist der eigene Garten ein Stück Gegenrealität. Ich denke, der Garten ist ein Ort tiefer Sehnsucht …

Tatsächlich ist die Schrebergartenbewegung neu auf dem Vormarsch. Junge Familien etwa bewerben sich um ein Grundstück, weil sie nach freier Bewegung für die Kinder suchen. Interkulturelle Gärten entstehen, spannende Projekte, bei denen Menschen verschiedener Herkunft und Kulturen ihre Visionen von Garten zusammenbringen und – so habe ich es bei mehreren Besuchen erlebt – im Miteinander im Garten zueinanderfinden. In Deutschland gibt es heute mehr als eine Million solcher Kleingärten mit einer Fläche von mehr als 46 000 Hektar. Warum suchen Menschen Gärten, warum engagieren sie sich derart intensiv für Rasenschnitt und Hecke, für Blumen und eigenen Kohlrabi? Ist das nur eng oder ist das vielleicht sogar besonders weit?

Der Wunsch nach heiler Welt, die Frage nach der Sehnsucht nach dem Paradies hat vor allem die Tiefenpsychologie beschäftigt. Dabei hat sie immer wieder auf die biblische Paradieserzählung zurückgegriffen. Das Wort »Paradies« stammt ursprünglich aus dem Persischen und bedeutet »Einzäunung, Enge, Umgrenzung«. Unser persönliches Paradies, das wir alle erlebt haben, die wohlige Enge, die uns zum Lebensanfang umgab, war der Uterus der Mutter mit völliger Geborgenheit, Schutz vor Gefahren, optimaler Versorgung, ohne Entbehrungen und Einsamkeit, der stete Herzschlag der Mutter war das Signal, dass das Leben unaufhörlich weitergeht. Wir mussten nichts tun, nicht aktiv werden, hatten alles, was wir brauchten, ohne jede Anstrengung. Ein Leben ohne Sorgen. Die einzige Veränderung war unser Wachstum – und Wachstum führt offenbar zur Vertreibung aus dem Paradies. Die Geburt trennt uns von diesem Wonne-Garten und bringt uns in eine Welt voller unangenehmer Empfindungen und Entbehrungen. Geblieben ist aus dieser frühen Erfahrung die Sehnsucht nach einem konfliktlosen, harmonischen Dasein, nach einer heilen Welt.

Auch im großen gesellschaftlichen Zusammenhang gibt es diese Sehnsucht: Wissenschaft, Forschung und Technik sind auch Mittel zur Verwirklichung eines Paradieses, zeigen, dass der Mensch Allmachtsfantasien und Kräfte einsetzt, um sich das Paradies zurückzuerobern und um letztlich vielleicht den Gott zu überlisten, der ihn fernhält von dieser Erfüllung. Fatalerweise steuern wir dabei allerdings in die entgegengesetzte Richtung: Je mehr wir uns unsere individuellen Paradiese zu schaffen versuchen, desto mehr geht das uns umgebende »natürliche« Paradies unserer Umwelt verloren.

Und doch haben die kleinen Paradiese große Wirkung. Die Bischofskanzlei, über der ich auch wohne, hat einen wunderbaren Garten. Er ist nicht riesig, aber er ist ein Garten mitten in der Stadt. Ringsum ist nicht viel zu tun, die Büsche und Bäume sind alt und umgeben ihn mit erhabener Ruhe. In der Mitte liegt eine Rasenfläche, die schnell gemäht ist, nur ab und an entmoost werden muss. Und es gibt zwei Beete, die ich mit Liebe »bebaue«. Ein kleines Beet, auf das ich direkt von meinem Schreibtisch aus schaue, blüht das ganze Jahr. Es beginnt mit Schneeglöckchen, später kommen kleine buschige Osterglocken, die ich sehr mag, und Hyazinthen in Rosa und Blau. Dann blühen die Hortensie und vor allem eine weiße Rose mit Blüten von Mai bis Oktober. Im Juni pflanze ich oft Sonnenblumenkerne, die dann zu einer wunderbaren Pracht im September führen. In einem Jahr habe ich das vergessen, ich habe mein Beet sozusagen nicht »bewässert«, und es hat mir etwas gefehlt im Herbst.

Und dann gibt es mitten im Garten ein Rosenbeet. Einst war es ein Teich, wurde dann zum Beet, und da ich Rosen so liebe, haben meine Mitarbeiterinnen in der Kanzlei, das Kolleg des Landeskirchenamtes und der Bischofsrat mir zum 50. Geburtstag dort als Geschenk ein Rosenbeet anpflanzen lassen. Etliche Geburtstagsgäste brachten Rosenstöcke mit. Ich muss zugeben, ich dachte zuerst auch: O nein, noch mehr Arbeit! Aber ich liebe dieses Beet inzwischen sehr. Die Rosen erinnern mich an die Menschen, die sie geschenkt haben. Das Betrachten der Blüten ist für mich eine Weise, mich zu erinnern, Abstand zu finden vom Getriebe, ja fast eine Art Meditation. Dazu braucht es Ruhe und Gelassenheit. Oft habe ich in einer Woche ja nur den Sonntagnachmittag frei. Dann im Garten zu sein, die Rosen zu bewässern und zu beschneiden, ist für mich ein wunderbares Ritual. Nein, das bedeutet keine

Sonntagsarbeit, das ist innere Ruhe, Entspannung, Kraft schöpfen. »Seht die Lilien auf dem Felde«,[39] sagt Jesus. Die Schönheit der Natur sehen, sich an ihr freuen, das ist Teil unseres Lebens. Ich möchte den Blick nicht verlieren für das Schöne, das Besondere, das oft auch im Unscheinbaren daher kommt. Gärten und ihre Blumen sind ein wunderbares Symbol dafür.

Dass ich Blumen sehr mag, hat sich inzwischen herumgesprochen. Und so erhalte ich für einen Vortrag oder eine Predigt oft einen Strauß als »Honorar«. Kürzlich hatte ich fünf solche Ereignisse in einer Woche, meine Kanzlei war ein Blütenmeer, und alle Besucher fragten erschrocken, ob sie irgendetwas nicht mitbekommen hätten, gab es einen Geburtstag, war da ein Jubiläum? Ich mag es, am Schreibtisch zu sitzen und Blumen um mich zu haben. Die stolzen Lilien, die bunten Tulpen, die erhabenen Rosen, die kleinen Christrosen. Sie zeigen etwas von der Schönheit der Schöpfung – natürlich auch von ihrer Vergänglichkeit. Das macht ihr Blühen aber noch kostbarer. Manchem Strauß trauere ich nach, wenn er nicht mehr zu halten ist …

Dieses Thema und das ganze Kapitel »Gärten wässern« entstand aus einem Gespräch über die »Mitte des Lebens« mit einer Frau, die acht Jahre jünger ist als ich und fröhlich ohne Ehepartner und ohne Kinder lebt. Ja, die Kinderfrage hat auch sie lange umgetrieben. Das ist wohl bei allen Frauen in der Mitte des Lebens so. Ich kenne inzwischen viele Frauen, die den richtigen Partner nicht gefunden haben, nicht den Zeitpunkt oder die einfach nicht schwanger wurden, als sie es wollten. Mir ist wichtig, dass das heute nicht mehr als Mangel gesehen wird. Als ich das Buch über die »Mütter der Bibel« schrieb, wurde mir noch einmal bewusst, wie sehr das Mutter-Sein die Frauen in der Bibel bestimmt. Welche Rolle nimmt eine Frau ohne Kinder ein in unserer Gesellschaft, unserer Kirche? Sie entspricht in keiner Weise mehr dem Bild einer armen Frau, die »keinen abgekriegt« hat, wie das noch vor dreißig oder vierzig Jahren gesehen wurde. Allein zu leben, das ist eine Lebensform, die übrigens auch im Beruf des Pastors beziehungsweise der Pastorin inzwischen wieder eine größere Rolle spielt. Als evangelische Kirche beginnen wir gerade erst, das hinreichend wahrzunehmen, ist doch das Berufsbild oft sehr stark von der »Pfarrfamilie« bestimmt. Was es heißt, dass Frauen und Männer allein leben, wird sich auch auf das evangelische Pfarrhaus auswirken, davon bin ich überzeugt.

»Wer allein lebt, hat meist auch ›Kinder‹«, sagt meine persönliche Referentin, und ich denke, sie hat recht. Es gibt einen Teil von Freiheit von familiären Verpflichtungen, der in Verantwortung umgesetzt wird. Menschen ohne biologische Kinder engagieren sich oft auf den unterschiedlichsten Gebieten. Sie schaffen neue Formen von Familie. Das wird umso wichtiger, als traditionelle Familien immer kleiner werden. Da feiern Singles in großer, fröhlicher Runde Weihnachten, gehen zusammen in den Gottesdienst, kochen miteinander, beschenken sich. Viele Singles üben früher ein, was Menschen, die als Paar oder mit Kindern leben, später und oft erst schwer lernen müssen. Eine Frau schreibt mir: »So, wie ich mein Leben jetzt schon anders, eben in vielen Teilen *single* lebe, so werde ich es auch im Alter tun, so Gott will und ich einigermaßen gesund bleibe. Ich werde auch mit 70 hoffentlich noch Projekte ausbrüten und gebären, zum Laufen bringen und dann gehen lassen.«

Frauen kennt die Kirchengeschichte vor allem in zwei Extremen, und immer hatten die Bilder mit den Beziehungen der Frauen zu den Männern zu tun – sie waren Hure oder Heilige. Da ist Eva, die »Verführerin«, Maria aus Magdala, die mit der Frau identifiziert wurde, die Jesus die Füße salbte – sie werden in der Fantasie zu den großen Sünderinnen stilisiert, die sie so nie waren. Wer die Geschichte Evas nachliest, sieht, dass es bei der »Verführung« überhaupt nicht um Sexualität ging, sondern um die Tatsache, dass sie neugierig war im besten Sinn auf die Möglichkeiten, die über das Bisherige hinausgingen, dass sie intellektuell angeregt war, nachdenken wollte.

Und Maria aus Magdala war eine mutige Frau: Sie blieb unter dem Kreuz bei dem sterbenden Jesus, als alle anderen aus Angst schon gegangen waren. Sie geht zum Grab um ihn, den Mann, den sie geliebt und verehrt hatte, zu salben. Sie wird nach den Evangelien vom Auferstandenen als Erste in die Verkündigung geschickt.

Das andere christliche Bild der allein lebenden Frau ist die Heilige, und am besten aufgehoben ist sie im Kloster, ganz so auch, wie Maria in der katholischen Tradition gesehen wurde: danach bekam sie nach Jesus keine weiteren Kinder (obwohl das in der Bibel steht) und lebte keusch und zurückgezogen, ganz die heilige mütterliche Jungfrau und später trauernde Mutter.

Dieses Bild ändert sich deutlich. Immer mehr Frauen leben allein. Und in unserem Jahrtausend können sich viele in den westlichen Industrienationen das nun auch leisten. Sie haben ein eigenes Einkommen, eine eigene Rente, eine eigene Wohnung. Das ist ein völlig neues Lebensmodell für Frauen. Als eine Freundin von mir kürzlich ihrer Mutter sagte, dass eine Ehescheidung für sie offenbar unvermeidlich sei, meinte diese: »Aber in deinem Alter findest du doch keinen Mann mehr!« Eine Frau ohne Mann passte nicht in ihr Bild – einen Mann »haben« war für die Frau immer eine Frage des Status, und eine unverheiratete Frau irgendwie defizitär.

Dass Frauen allein leben und damit glücklich sein können, dass Frauen keine Kinder haben und trotzdem Mütterlichkeit leben können, das wird erst allmählich akzeptiert … Ich denke auch an das Engagement von Frauen an den unterschiedlichsten Orten. In einem »Fairkauf«-Kaufhaus habe ich eine Frau kennengelernt, die in ihrem Erwerbsleben Verkäuferin war, jetzt pensioniert ist und ihre Zeit wie ihre Erfahrung dieser diakonischen Einrichtung mit viel Liebe zur Verfügung stellt. Sie ist es, die genügend Geduld hat mit der etwas schwierigen Azubi und ihr den Weg in die erfolgreiche Ausbildung ebnet. Sie ist es, die oft das richtige Gefühl dafür hat, wie die Ware anzuordnen ist und wer was braucht. Sie wässert einen Garten, sie hat neue »Kinder«. Und ohne Menschen wie sie wäre das soziale Gewebe, das unser Land zusammenhält, noch viel löcheriger. Mehrgenerationenhäuser sind ein anderes Beispiel für neue und andere »Familienbeziehungen«: Da erzählen alte Menschen Kindern Märchen. Da erhalten junge Mütter wichtige Ratschläge von alten Müttern. Da treffen sich Menschen ohne Angehörige am Ort mit anderen, die zu ihren Angehörigen werden über Generationen hinweg. Mit dem sich wandelnden Familienbild werden solche Treffpunkte, Orte des Miteinanders, des geselligen Lebens immer wichtiger.

Das gehört zur Mitte des Lebens: Wir haben Erfahrungen gemacht, die wir weitergeben können. Bestimmt nicht zwanghaft. Es ist immer eine Belastung für die jüngere Generation, wenn die Ältere meint, ihre Erfahrungen seien entscheidend, ja wegweisend, wenn Erfahrungen aufgedrängt werden. Jede Generation muss ihre eigenen Erfahrungen machen. Aber ein offenes Ohr zu haben, das ist eine besondere Leistung und Gabe. Wie viele sehnen sich nach einem Menschen, der zuhört und Rat geben kann, ohne diesen Rat aufzudrängen. Lebenserfahrung ist ein Angebot, keine Pflichtlektüre.

Dies war ein weiter Bogen von biblischen Paradiesgärten über reale Gärten bis zu den Gärten unseres Lebens und unserer Gesellschaft. An dem Bild lässt sich wunderbar weiterdenken in der Mitte des Lebens, finde ich. Die Sehnsucht nach dem Paradies ist vielleicht etwas überdeckt, aber nicht erloschen. Und sie wird lebendig, weil plötzlich eine neue Liebe auftaucht, eine neue Aufgabe sich zeigt, weil Überraschendes passiert – und dann kann die Erfahrung des Neuen und die Sehnsucht nach dem Vollkommenen viel Kraft freisetzen, sich für bessere Zustände auch schon hier und jetzt einzusetzen. Dafür gibt es in der Mitte des Lebens meist auch emotional stabile Räume, das schon Bepflanzte im Lebensgarten schafft einen »sicheren« Rahmen für das Neue. Wichtig ist, nicht zu vertrocknen, sondern offen zu sein für das Neue und keimen und aufblühen zu lassen, was blühen will und kann.

34 Teile dieses Abschnittes sind meiner Bibelarbeit auf dem Deutschen Evangelischen Kirchentag in Köln am 7.6.07 entnommen. Der vollständige Text ist abgedruckt in: Deutscher Evangelischer Kirchentag Köln 2007, hg. v. Silke Lechner und Christoph Urban, Gütersloh 2007, S. 51ff.

35 Matthäus 4,1.

36 Hilde Domin, Gesammelte Gedichte, © S.Fischer Verlag GmbH, Frankfurt am Main 1987.

37 Vgl. Karen Duve, Welt ohne Gott, DER SPIEGEL 14/2009, S. 142.

38 1. Mose/Genesis 2,8.

39 Matthäus 6,28.

Beziehungen schätzen

Wenn wir älter werden, lernen wir besser schätzen, was wir an unseren Beziehungen haben. Da scheinen viele Themen auf: Große Dankbarkeit kann sich zeigen in der Partnerschaft, wenn meine Ehe sich auch über Krisen hinweg als stabil erwiesen hat und Vertrauen nicht zerstört wurde, sondern wächst. Da kann aber auch der Schmerz sein, eine Partnerschaft oder Ehe zu beenden, weil sie nicht lebbar ist, weil zwei nicht mehr aneinander wachsen, sondern sich gegenseitig nur kleiner machen. In der Mitte des Lebens geht es darum, alte Freundschaften zu feiern, weil wir besser wissen: Es ist gar nicht so einfach, neue Freundschaften zu schließen, mit all dem Gepäck, das wir in unserem Leben mitschleppen. Und da sind das Glück und die Freude, wenn wir neue Menschen finden auf unserem Weg, wenn wir so mittendrin in unserem Leben auf Seelenverwandte treffen, mit denen wir weiter unterwegs sein können.

Die Partnerschaft pflegen

> *Isaak brachte sie in sein Zelt. Er nahm Rebekka und sie wurde seine Frau. Isaak gewann sie lieb.*[40]

Mich rührt oft an, wie die biblischen Geschichten, die ja alle in einem patriarchalen Umfeld spielen, Liebesgeschichten erzählen. Ein Knecht erhält den Auftrag, Isaak eine Frau zu suchen.

Er findet Rebekka. Ihre Familie zögert, aber sie hat den Mut, in ein fremdes Land zu einem fremden Mann zu gehen, weil die Geschichte, die der Knecht erzählt, sie anrührt. Und dann gewinnt Isaak »sie lieb«. Die beiden werden zwei Söhne haben, Zwillinge, jeder der Liebling eines Elternteils; aber das ist eine spätere Geschichte. Isaak und Rebekka sind ein Paar, das bis ins hohe Alter auch über Spannungen hinweg zusammenbleibt.

Als sich kürzlich ein Mann einem Gremium zur Wahl stellte, sagte er im Hinblick auf seine biografischen Daten, er sei seit 31 Jahren mit derselben Frau verheiratet. »Das muss kein Vorteil sein«, raunte mein Sitznachbar. Fast zynisch klang das, und ich erschrak darüber, weil er sonst nicht zu solchen Bemerkungen neigt. In der Tat: Für viele ist die eigene Partnerschaft das zentrale Spannungs- und Konfliktfeld der Lebensmitte. Wenn zwei sich jung gefunden haben, dann ist in der Lebensmitte eine Krise nahezu normal. In der Regel funktioniert eine Partnerschaft oder Ehe heute weitestgehend partnerschaftlich bis zur Geburt des ersten Kindes. Sobald aber das erste Kind geboren ist, folgt oft ein Rückfall in traditionelle Geschlechtsrollenmuster, der die Partnerschaft massiv belasten kann. Eine Studie aus Allensbach hat herausgefunden, dass die Bereitschaft von Männern, ihren Anteil an der Hausarbeit zu übernehmen, schon bei der Eheschließung um die Hälfte sinkt. Sobald ein Kind geboren ist, reduziert sich die partnerschaftliche Beteiligung der Männer auf jeden Zehnten, bei der Geburt des zweiten Kindes auf jeden Vierzehnten! Kinder sind bei allem Glück, das sie bedeuten, auch Krisenfaktoren für die Partnerschaft. Elternsein, das ist eine ganz besondere Herausforderung! Und zwar eine lebenslängliche … Das Elternsein ist eine zentrale »Ortsbeschreibung« für viele in der Lebensmitte: Sie sind nicht mehr jung und ungebunden und noch nicht alt und ungebunden. Mir scheint, dass die Erziehungsnöte und -fragen, die Konflikte in der Erziehung, die Menschen in diesem Alter so existenziell beschäftigen, oft unterschätzt werden. Seit ich einen persönlichen Beitrag geschrieben habe, welche Konflikte und Freuden, Anfechtungen und Überraschungen ich selbst mit meinen vier Kindern erlebe und durchstehe, erreichen mich immer wieder Briefe, in denen Eltern ihre Zerrissenheit, ihre Versagensängste und auch Demütigungen beschreiben. Das ist wahrhaftig ein weites Feld. Dabei sind Alleinerziehende einer besonderen Belastung ausgesetzt. Wer Kinder erzieht, wird mit den großen Fragen des Lebens konfrontiert. Kinder können tiefschürfend fragen, Jugendliche erbarmungslos kritisieren. Da müssen sich die Erziehenden ihrer Fundamente schon sehr sicher sein. Und wie die erste Partnerkrise mit dem ersten Kind fast schon normal ist, so folgt eine weitere spätestens mit dem Weggang des oder der Kinder. Plötzlich wird aus der Familie wieder ein Paar.

Die christlichen Kirchen betonen, dass sie am Leitbild von Ehe und Familie festhalten, das sie aus der Schöpfungsgeschichte ableiten. Die Bibel erzählt auf ihren ersten Seiten, wie Gott den Menschen als Paar geschaffen hat, als Beziehungswesen, als aufeinander bezogen. Um Familien zu unterstützen, gibt es im Bereich der Kindererziehung ein großes kirchliches Engagement von Kindergottesdienst und Krabbelgruppen in Kirchengemeinden bis zu evangelischen Kindergärten. Das ist gut so. Auch vonseiten des Staates passiert hier zurzeit einiges an Förderung, und es besteht in der Tat ein lange verschleppter Nachholbedarf. Politisch gehandelt wird aber sicher nicht zuallererst, um Väter zu fördern, sondern weil die Öffentlichkeit alarmiert ist über den Rückgang der Geburtenzahlen.

Eine neue Studie[41] stellt nun fest, dass eine Veränderung im Gange ist, die sich auf das Zusammenleben von Männern und Frauen in Partnerschaften auswirkt. Vier unterschiedliche »Männertypen« identifiziert sie: 27 Prozent der Befragten lassen sich dem »teiltraditionellen« Typus zuordnen. Er galt vor zehn Jahren noch als traditionell und hat sich mittlerweile in seinen Einstellungen modernisiert. Außerdem wird diese Gruppe stetig kleiner (1998: 30 Prozent). Sah sich dieser Männertyp vor zehn Jahren noch als alleinigen Ernährer der Familie, erkennt er jetzt die Berufstätigkeit von Frauen und Müttern stärker an und betrachtet sie nicht als etwas Negatives. Der »moderne« Mann, der für eine gleichberechtigte partnerschaftliche Arbeitsteilung von beruflichem und familiärem Leben ist, engagiert sich auch besonders in seiner Vaterrolle. Dieser Typus stellt nach wie vor die kleinste Gruppe (19 Prozent) dar, sie ist im Vergleich zu 1998 um zwei Prozentpunkte gewachsen. Außerdem gibt es einen »balancierenden« Männertyp (24 Prozent), der sich aus den traditionellen und modernen Werten herausfiltert, was in sein Lebenskonzept passt. Die größte Gruppe (30 Prozent) bildet schließlich der sogenannte »suchende« Mann: Er hat seinen festen Platz in der Gesellschaft, in Familie und Beruf noch nicht gefunden, ist unsicher, ob er eher traditionellen oder modernen Vorstellungen zustimmen soll. Nur noch 54 Prozent der Männer sind der Meinung, dass Frauen von Natur aus besser geeignet sind, Kinder zu erziehen, 1998 waren es noch 65 Prozent. Außerdem befürworten mittlerweile 58 Prozent der Männer, dass Mann und Frau zum Haushaltseinkommen beitragen, 1998 waren es noch 54 Prozent. Gerade die Männer mit modernem Familienbild halten die Ehe für eine Institution mit Zukunft. So sind nur 13 Prozent des modernen Männertyps der Meinung, dass die Ehe eine überholte Einrichtung ist. Dagegen glauben 35 Prozent der teiltraditionellen Männer nicht an die Zukunftsfähigkeit der Ehe. Die Aussage »Für einen Mann ist es eine Zumutung, zur Betreuung seines kleinen Kindes zu Haus zu bleiben«, fand 1998 bei 27 Prozent aller Männer Zustimmung, zehn Jahre später sind es noch 25 Prozent.

Es verändert sich also etwas bei den Männern, wenn auch nur langsam. Es gibt offenbar eine grundsätzliche Verunsicherung darüber, wie ein gelingender Lebensentwurf aussieht, weil diese Bilder im Wandel begriffen sind. Wir brauchen Mut, neue Wege zu gehen, neue Verbindlichkeiten zu finden, die Ehe zu wagen, aber auch das Single-Leben zu respektieren; Menschen zu ermutigen, Kinder zu kriegen, und Menschen ohne Kinder nicht herabzustufen, das gehört zum Ausbalancieren in der Mitte des Lebens.

Das Zusammenleben von Menschen und die Familienformen verändern sich, auch das ist deutlich. Das muss gar nicht gleich Anlass für Verfallstheorien sein – solche Veränderungen sind auf die zurückliegenden Jahrhunderte betrachtet ein normales Phänomen.

In der Mitte des Lebens müssen wir uns auch dem möglichen Scheitern von Beziehungen stellen. Ich selbst wollte das mit Blick auf meine eigene Ehe lange nicht wahr haben und habe viele Jahre gebraucht, mir einzugestehen, dass mein damaliger Mann und ich nicht zusammen alt werden können. Es war ein schmerzhafter Prozess, bis ich zu der inneren Überzeugung gelangte: Ich kann so nicht leben, und ich habe auch nicht mehr die Kraft, nach außen die Fassade einer gelingenden Beziehung aufrecht zu erhalten. Nach der inneren Klärung hatte ich den Mut, die äußere durchzustehen. Aber das war keine leichte Zeit, zumal die massive Verurteilung durch andere sofort folgte. Die Gründe für das Scheitern einer Ehe können vielfältig sein. Ich finde, sie gehen nur das Paar selbst etwas an, das sich mit seiner Krise auseinandersetzen muss. Niemand lässt sich leichtfertig scheiden, das jedenfalls ist meine Erfahrung. Mit einem solchen Weg sind für alle Schmerz, Enttäuschung und der Verlust eines Lebensentwurfes verbunden.

Mir geht es dabei auch um die Frage, wie Trennungen begleitet werden. Das gilt einerseits in der Seelsorge: Oft wird die Kirche, werden Gemeinde oder der Pastor beziehungsweise die Pastorin nicht als Gesprächspartner für Ehe- oder Partnerschaftskrisen angesehen. Da ist die Angst vor dem erhobenen Zeigefinger: »Was ist mit eurem Versprechen – ›bis dass der Tod euch scheidet‹?!« Ganz neu fängt unsere Kirche an, Jesus ernst zu nehmen, der angesichts der drohenden Steinigung einer Ehebrecherin erklärte: »Wer unter euch ohne Sünde ist, der werfe den ersten Stein.« Es gibt Trennungsbegleitung und auch Gottesdienste für Menschen, die in Trennung leben oder unter Trennung leiden, bis hin zu Vorschlägen für Rituale, wenn Paare für ihre Trennung oder Scheidung eine Form suchen, die das Ende der Beziehung angemessener würdigt als ein 10-Minuten-Termin im Amtsgericht.

Bei alledem ist es ja nach wie vor so, dass viele Ehen auch lebenslang Bestand haben. Das Gelingen der Beziehung bedeutet dann auch, dass Krisen bewältigt und Konflikte ausgesprochen werden, dass Menschen an Auseinandersetzungen wachsen, dass sie sich Freiräume zur eigenen Entwicklung einräumen. Jeden Monat gratuliere ich etlichen Paaren zur Goldenen, Diamantenen oder Eisernen Hochzeit und erhalte darauf oft bewegende Briefe, die meist sehr ehrlich beschreiben, welche Höhen und Tiefen das Zusammenleben mit sich gebracht hat – und die große Dankbarkeit ausstrahlen. Eine langjährige Ehe kann zermürbend sein; aber sie kann auch ein großes Geschenk, eine Gnade, ein Glück sein.

Ich finde wichtig, Paare zu ermutigen, über ihre Ehe, ihre Wünsche und Erwartungen miteinander im Gespräch zu bleiben. Dabei spielt in der Lebensmitte sicher auch die Sexualität eine Rolle. Manche neue Belastungen können auf Paare zukommen, die sich seit Langem kennen. Dass »Viagra« in den ersten zehn Jahren seiner Existenz dem Pharmakonzern Pfizer 1,8 Milliarden Euro Gewinn einbrachte und angeblich von 35 Millionen Männern ausprobiert wurde, ist ein Symptom dafür, wie sehr Erektionsstörungen oder die Angst vor sexuellem »Versagen« Männer in der Mitte des Lebens umtreibt. Frauen dagegen scheinen eher von der Angst geplagt zu werden, nicht mehr attraktiv zu sein. Der Film »Wolke 9«, eine Liebesgeschichte zwischen einer alten Frau und einem alten Mann, die auch nackt zu sehen waren, hat große Debatten ausgelöst: Gibt es das überhaupt, dass sich zwei Menschen im Alter noch ineinander verlieben? Sexuelles Verlangen im Alter – das scheint geradezu tabuisiert. Mir sagte jemand nach dem Film: Sie mögen es ja tun, aber ich will es weder sehen, noch daran denken. Interessant, wird Sexualität damit doch in eine Zeit des jugendlichen Ungestüms verbannt. Sexualität in der Mitte und in der zweiten Hälfte des Lebens – ein Tabu. Für Männer vielleicht, weil sie Angst haben, sich nicht »beweisen« zu können. Für Frauen, weil sie Angst haben, körperlich nicht mehr attraktiv zu sein. Hier können Paare, die einander lange vertraut sind, sicher einen Vorteil haben. Sie haben im besten Falle eine Intimität aufgebaut, die auch solche Ängste trägt. Im schlechtesten Fall haben sie das Interesse aneinander verloren und verdrängen ihre Sehnsüchte oder richten sie nach außen.

Bei Menschen, die sich in der Mitte des Lebens neu verlieben, erlebe ich oft ein tiefes Erstaunen, dass nicht nur die stürmischen Gefühle, sondern auch das körperliche Zusammensein, nicht nur das Begehren, sondern auch seine Erfüllung noch möglich ist – das ist eine große Freude, da ist viel Dankbarkeit. Beides ist schön: dass es gelingt, wenn langjährige Paare ihre Partnerschaft auch körperlich so gestalten können, dass beide froh damit leben können, und dass andere neu entdecken, was möglich ist.

Und gleichzeitig gilt: Auch wer keinen (neuen) Partner findet, darf dazu stehen, dass es sexuelle Sehnsüchte gibt, einen Wunsch nach Nähe. Körperlichkeit ist ein Teil des Lebens! Mich hat unendlich traurig gemacht, was eine Physiotherapeutin mir kürzlich erzählte: Eine ihrer Patientinnen habe während der Massage geweint; es sei so viele Jahre her, dass jemand sie angefasst habe, über ihre Haut strich. Sich umarmen und berühren, zärtlich zueinander sein, das gehört zum Leben. Mir ist bewusst, dass das Christentum diese Dimension oft verachtet, ja sie geradezu als »sündig« angesehen und manche Menschen damit schwer belastet hat. Biblisch gesehen kann ich das nicht nachvollziehen, da ja Körperlichkeit und Sinnlichkeit durchaus biblische Dimensionen sind – das vorne erwähnte Hohelied (s. S. 36f) ist ein sprechendes Beispiel!

Vielleicht ist es in der Mitte des Lebens besser möglich, bewusster und auch offener mit dem eigenen Körper, den eigenen Wünschen umzugehen, als das in jungen Jahren der Fall war. Jeder Mensch hat doch ein Grundbedürfnis nach Berührung, Zärtlichkeit, Hautkontakt. Eine Umarmung kann so gut tun, eine nahe, warme Geste auch weit weg von jeder sexuellen Konnotation. Bei der Austeilung des Abendmahls in einem Gottesdienst kürzlich kam eine Frau zu mir, die Tränen in den Augen hatte. Ich habe sie einfach kurz in den Arm genommen, und da hat sie dann wirklich geweint. Ich weiß nicht, was ihr Kummer war, aber sie brauchte einen Menschen, der sie berührte. Auch ein Händedruck kann das ausdrücken oder eine andere liebe Geste. In der Kirche und ihrer liturgischen Tradition gibt es dafür Ansätze, die ich gern neu entdecken würde. Die Salbung beispielsweise, bei der Menschen auf Stirn und Hand mit Öl gesalbt werden, und bei der ihnen ein Segenswort zugesprochen wird. Oder die Geste bei der Tauferinnerung, bei der ein Kreuzeszeichen mit Taufwasser auf die Stirn gezeichnet wird. Geradezu intim ist die Fußwaschung, die in vielen Kirchen am Gründonnerstag oder Karfreitag praktiziert wird. Als ich dies das erste Mal gemacht habe, war ich erstaunt, wie nahe man einem Menschen kommt, dem man die Füße wäscht. Solche Nähe, wie Nähe überhaupt, will gesucht, aber auch ausgehalten werden. Es gibt auch Angst vor Nähe, das Sich-Abschotten, die Erfahrung, besser mit mir allein klarzukommen, denn alle Nähe, und gerade körperliche Nähe, macht verletzbar. Und doch ist die Freude an Beziehung, die Lust an Körperlichkeit auch in der Mitte des Lebens schlicht eine wunderbare Erfahrung.

Freundschaften stärken

Maria aus Magdala, Johanna und Maria, die Mutter des Jakobus, und die übrigen, die bei ihnen waren, erzählten es den Aposteln.[42]

Im Neuen Testament ist immer wieder von Frauen die Rede, die einander eng verbunden waren. Mich berührt das. Sie waren einander vertraut, haben Freude und Angst, Leid und Mut miteinander geteilt. Sie waren mit Jesus unterwegs, haben tapfer sein Sterben begleitet unter dem Kreuz, hatten gemeinsam die Kraft, am Ostermorgen zum Grab des Hingerichteten zu gehen und schließlich auch noch den Mut, den Jüngern zu sagen, dass sie glaubten, er sei auferstanden! Tapfere, treue, starke, mutige Frauen!

Im Sommer 2008 hatte ich zum 50. Geburtstag auf ein großes offizielles Fest mit geladenen Gästen und Grußworten keine Lust. Deshalb habe ich einfach einen fröhlichen Sektempfang im bischöflichen Garten gegeben, zu dem zwischen 11 und 15 Uhr kommen konnte, wer gratulieren mochte, vom Präsidenten des Landeskirchenamtes über meinen Friseur bis zur Kollegin. Abends habe ich dann mit meiner engsten Familie nett auf dem Balkon gegessen.

Einen Monat später habe ich 26 Frauen eingeladen, die auf meinem Lebensweg eine Rolle gespielt haben. Sechs weitere waren leider verhindert und konnten nicht dabei sein. Zwanzig waren Frauen »in der Mitte des Lebens«, mit denen ich manche Strecke geteilt habe. Sechs gehörten zur jüngeren Generation: meine Töchter und die Töchter einer Freundin. Mir haben die Abwesenden gefehlt, aber insgesamt war es für mich ein bewegender Abend. Das Wetter spielte mit, wir saßen im großen Kreis im Garten, haben gegessen, getrunken, geredet, getanzt. Irgendwann gegen zwei Uhr morgens dachte ich: Das ist wie ein Bild aus einem französischen Film. Jetzt könnte die Kamera auf jedem einzelnen Gesicht verweilen, der Film würde in einer Rückblende jede Geschichte erzählen, und dann wäre der Blick wieder auf den gegenwärtigen Moment gerichtet und die Gemeinschaft.

Freundschaften haben mir immer viel bedeutet, aber je älter ich werde, desto wichtiger werden sie. Ich fühle mich einigen Männern sehr freundschaftlich verbunden, ich vertraue ihnen, arbeite gern mit ihnen zusammen. Da gibt es über Jahre gewachsenes Vertrauen, das bei allen beruflichen Belangen auch eine scherzhafte Ebene einschließt, genauso wie ein tiefgründiges Gespräch über persönliche Fragen. Die Freundschaften mit Frauen sind noch einmal anders, es wird eher über Persönliches gesprochen. Ich will Frauenfreundschaft keinesfalls glorifizieren. Denn natürlich gibt es Streit, Auseinandersetzungen, Abgrenzungen und manches Mal sogar Brüche und Abbrüche, wenn deutlich wird: Das Maß an Gemeinsamkeit, das wir über Jahre hatten, ist kleiner geworden, es trägt nicht mehr. Das können sehr schmerzliche Prozesse sein. Ich erinnere mich an eine Freundschaft, die ich selbst beendet habe, weil ich gemerkt habe: Wir teilen nichts mehr, wir sehen die Wege der je anderen nur noch mit Zynismus. Es ist besser, auseinanderzugehen, als sich wirklich zu verletzen. Das tut weh, ist aber manchmal notwendig.

In der Mitte des Lebens lernen wir, alte Freundschaften besonders zu schätzen. Da sind Menschen Wegstrecken mit uns gegangen, die kennen uns in unterschiedlichen Konstellationen, wir vertrauen ihnen. Es ist in diesem Alter ja gar nicht so einfach, neue Freundschaften wachsen zu lassen. Und deshalb ist es ein besonderes Glücksgefühl, eine tiefe innere Freude, wenn spürbar wird: Da keimt eine neue Beziehung heran, was zwischen uns wächst, könnte ein neues Vertrauensverhältnis werden. Ich habe das in den letzten Jahren immer wieder erlebt und sehe solche Freundschaften als besonderes Geschenk an. Gerade weil das Alleinsein und die Einsamkeit in der Mitte des Lebens ein zentrales Thema sind – für Menschen in einer Paarbeziehung, die ja auch nicht das ganze Leben ausfüllt und alle Aspekte eines Menschen umfasst, wie von allein Lebenden –, ist mir deutlich, wie wichtig die Freundschaft ist.

In der Bibel sind als reine Frauenfreundschaften Noomi mit ihrer Schwiegertochter Ruth (s. S. 100f) zu nennen und Elisabeth und ihre Cousine Maria, die beide gleichzeitig schwanger sind mit ihren Söhnen Johannes und Jesus und sich in dieser Zeit der Erwartung austauschen. Aber da sind eben auch die eingangs genannten Frauen, die gemeinsam am frühen Morgen losgehen, um den toten Jesus zu salben. Sie gehen zusammen. Sie haben davor den Sabbat der Trauer und der Angst, den Freitag der Hinrichtung und des Grauens miteinander erlebt. Und ich kann mir vorstellen, dass sie sich gegenseitig Mut gemacht haben: Doch, wir müssen ihn salben. Wir können ihn doch nicht ungesalbt daliegen und verrotten lassen! Das ist unsere Aufgabe, wir haben ihn schließlich alle gemeinsam die letzten Jahre begleitet. Und so gehen sie: mutige Frauen, denn Angehörige und Unterstützer von Gekreuzigten konnten nach römischem Recht selbst zum Kreuzestod verurteilt werden, da gab es keine Schonung für Frauen.

Diese Frauen, die sich gegenseitig ermutigen, die ihren Weg, der nicht leicht ist, in Freundschaft gehen und angesichts einer gemeinsamen Aufgabe: Das ist ein schönes Bild für Frauen in der Mitte des Lebens, die angstfreier werden und weniger miteinander konkurrieren. Mir wird Freundschaft immer wichtiger. Hat sich eine Freundschaft früher eher nebenher eingestellt, so sind Freundschaften heute für mich essenziell, sie tragen und halten mich besonders in Krisenzeiten. Es gibt dieses unnachahmliche Lied, das die Comedian Harmonists sangen und auch Heinz Rühmann in dem Film »Die Drei von der Tankstelle«[43] 1930:

Ein Freund, ein guter Freund,/ das ist das Schönste was es gibt auf der Welt!/ Ein Freund bleibt immer Freund/ und wenn die ganze Welt zusammenfällt.
Drum sei auch nicht betrübt,/ wenn dein Schatz dich nicht mehr liebt:/ ein Freund, ein guter Freund,/ das ist das Beste, was es gibt!

Das gilt sicher auch heute und natürlich auch für eine Freundin. Denn eine Freundin, ein Freund sind auch heute die Ersten, die bei Liebeskummer, Eheproblemen, eigener Verzagtheit, tiefen Lebensfragen, beruflichen Weichenstellungen gefragt und gehört werden. Ich habe Freundinnen erlebt, die mir in den schwersten Zeiten meines Lebens zur Seite gestanden haben wie Felsen in der Brandung. Und ich habe erlebt, wie ich selbst für Freundinnen in schwierigster Lage solche »Felsenfunktion« übernehmen konnte. Wirkliche Freundschaft ist nie einseitig belastet, sondern gleicht sich aus im Geben und Nehmen über die Jahre.

In der Mitte des Lebens gilt es deshalb, die Freundschaft zu pflegen, einander zu begleiten und gemeinsame Pläne zu schmieden. Dabei können sich auch lustige Zusammenhänge ergeben: Ich war 2007 auf der Documenta in Kassel und in die Ausstellung vertieft, als mich eine Journalistin auf dem Handy anrief und ziemlich direkt fragte, ob es einen »neuen Mann in meinem Leben« gebe? Ich war ziemlich perplex und sagte wahrheitsgemäß: »Nein!« Daraufhin sagte sie: »Wie wollen Sie denn dann alt werden?« – Da ich kurz zuvor aus New York zurückgekommen war, wo ich drei wunderbare Tage mit zwei amerikanischen Freundinnen verbracht hatte, sagte ich spontan: »Wahrscheinlich in einer Frauen-WG in New York.« Dieser Satz wurde danach immer wieder zitiert. Inzwischen kann ich darüber lachen. Warum eigentlich nicht? Vielleicht wird es so sein. Lange Jahre habe ich gedacht, in einer Ehe alt zu werden; aber warum nun keine Frauen-WG? Ich finde diese Vorstellung gar nicht abwegig – es steckt in ihr eine ausgewogene Mischung aus Nähe und Distanz.

Vorstellen kann ich mir aber zum Beispiel auch, in einem Haus in Hannover zu leben, andere Frauen in umliegenden Wohnungen, mit denen ich manches teile, Kino und Kummer, Kaffee und die Kanarischen Inseln als Urlaubsort. Jedenfalls finde ich großartig, dass es solche Vorstellungen vom gemeinsamen Altwerden gibt, die nicht als zweitklassig betrachtet werden, sondern als kreative Möglichkeiten, das Eigene zu bewahren und – in aller Freundschaft – Gemeinsames zu wagen und zu gestalten. Vielleicht werde ich auch in einer neuen Beziehung zu einem Mann leben, die offene Türen kennt, die das Miteinander feiern kann. Überraschungen sind immer möglich, aber ich finde gut, offen zu sein für alternative Formen.

Für gemeinsame Perspektiven im Alter mit Freundinnen und Freunden ist es nötig, die Freundschaften auch zu pflegen. Zeit zu investieren ist wichtig, gemeinsame Zeiten planen, Feste feiern, zusammen eine Ausstellung besuchen, einen Kurzurlaub miteinander verbringen. Wir müssen oft aufholen und einander auf den

Stand bringen, was sich im Leben ereignet – oft bleibt im Alltag gar keine Zeit, das zu erzählen. Freundschaften brauchen Hege und Pflege. Je älter wir werden, desto besser begreifen wir das. Desto mehr wissen wir wirkliche Freundschaft auch zu schätzen und was wir aneinander haben. Das kann in so mancher Lebensphase weit tragen.

40   1. Mose/Genesis 24,67.
41   Vgl. die Studie »Männer in Bewegung – 10 Jahre Männerentwicklung in Deutschland«, die der Düsseldorfer Sozialwissenschaftler Rainer Volz und der Wiener Pastoraltheologe und -soziologe Prof. Dr. Paul Michael Zulehner im Auftrag der Gemeinschaft der Katholischen Männer Deutschlands (GKMD) und der Männerarbeit der Evangelischen Kirche in Deutschland (EKD) durchgeführt haben.
42   Lukas 24,10.
43   Zu diesem Film habe ich eine besondere Verbindung, weil mein Vater ihn sehr mochte und meine beiden älteren Schwestern und ich in Anspielung darauf öfter als die »drei Mädels von der Tankstelle« bezeichnet wurden.

Das Eigene suchen

Eine Balance finden in der Mitte zwischen dem Alleinsein und den Grenzen, die ich erlebe, und der Suche nach neuen Anfängen und Aufbrüchen, das ist bewegend. Alleinsein meint ja nicht Einsamkeit, sondern vor allem dies: bei mir selbst zu sein und die Zeit mit mir selbst gut verbringen zu können. Das Alleinsein birgt die Chance, mich selbst zu finden, mich immer besser kennenzulernen. Aus dem Alleinsein kann Kraft entstehen – auch für neue Anfänge, die den Mut brauchen, aufzubrechen, nicht nur am Bisherigen festzuhalten, sondern loszulassen, zu springen, zu spüren, dass die Luft trägt, und dann neues Terrain zu entdecken.

Alleinsein lernen

... Ich habe keinen Menschen.[44]

Einsamkeit gilt in unserer Gesellschaft als Problem. Und das ist sie in vielen Fällen sicher auch. Zwar scheinen alle beinahe ununterbrochen zu kommunizieren – wir rufen schnell mal an, schreiben die SMS oder eben noch die Email –, aber gleichzeitig breitet sich eine Beziehungslosigkeit aus, die deprimieren kann. Die vielen Kontaktmöglichkeiten und die große Flexibilität machen es offenbar schwer, sich festzulegen – selbst für einen Abend oder eine feste Verabredung. Lieber alle Möglichkeiten offenhalten, es könnte ja noch etwas Besseres kommen! Und manchmal kommt dann gar nichts. Wer allein lebt, muss nicht einsam sein, aber es gibt viele einsame Menschen.

Dabei machen die neuen Kommunikationsmedien Formen des Gesprächs möglich, die es früher nicht gab und die zu einem tiefen Austausch über Lebensfragen führen können, ich bin da nicht so skeptisch wie andere. Sicher, Kommunikation geschieht zuerst und in aller Tiefe direkt, persönlich, von Angesicht zu Angesicht. Aber in Emails beispielsweise vertrauen Menschen sich mir als Seelsorgerin an: In einer Email finden manche offenbar wie früher im Beichtstuhl eher den Mut, einem anderen etwas mitzuteilen – hier muss ich ihm oder ihr nicht ins Gesicht sehen, finde aber Resonanz. Auch so entsteht offenbar eine Art »Gemeinschaft der Heiligen«. So gibt es neben der Telefonseelsorge und ihrer so wichtigen Funktion inzwischen eine Chatseelsorge, die von immer mehr Menschen in Anspruch genommen wird. Sie ist ein ständiges Angebot, das aus der Erfahrung entwickelt wurde, dass bei Großveranstaltungen, wie zum Beispiel dem Kirchentag, Menschen das Angebot zur Seelsorge besonders intensiv wahrnehmen – wohl gerade wegen der Anonymität. Mir scheint, das ist eine gute Möglichkeit dafür, dem, was wir als Beichte vor allem aus der Kirchengeschichte – katholisch erzogene Menschen vielleicht noch aus ihrer Kindheit – kennen, auch eine neue Form zu geben. Die Menschen, die sich an die Chatseelsorge wenden, wissen, wer »auf der anderen Seite« sitzt, müssen also keine Angst haben, dass ihr Vertrauen missbraucht wird. Und sie haben den Mut, über sich zu sprechen, weil gerade die Distanz es leichter macht.

Früher hatte der Begriff »Einsamkeit« durchaus auch einen positiven Klang. Für Künstlerinnen und Künstler galt Einsamkeit geradezu als Voraussetzung für Kreativität. Und auch im religiösen Bereich ist Einsamkeit positiv besetzt: Jesus ging allein in den Garten Gethsemane, um zu beten und seinen Weg zu finden. Eremiten lebten allein in Höhlen, um ihr Leben ganz Gott und dem

Gebet zu widmen. Im Mittelalter meinte Einsamkeit daher eher ein Identisch-Sein mit sich selbst, im Einklang stehen mit mir und dem Leben und dieser Form.

In der Mitte des Lebens kann es sein, dass ich plötzlich mit Einsamkeit konfrontiert bin. Bei den einen ist die Scheidung ihrer Ehe der Auslöser, bei anderen der Tod des Partners oder der Partnerin, der Auszug der Kinder kann mich in Einsamkeit stürzen oder auch der Verlust des Arbeitsplatzes. In einer Gesellschaft, die immer mehr allein Lebende kennt und in der diese Lebensform nicht als mangelhaft angesehen wird, ist eine solche Veränderung an sich zunächst einmal kein Makel mehr: Das ist schon mal positiv.

Aber natürlich ist es richtig: Das Alleinsein will auch gelernt werden. Wer allein ist, muss ja nicht einsam sein. Ein Freund von mir, ein überzeugter Alleinlebender, kann dazu einen ganzen Abend lang reden! Ich selbst lerne das Alleinleben gerade erst. Geheiratet habe ich an meinem 23. Geburtstag, dann kamen nacheinander vier Kinder, da war der Beruf, die Ehe, der große Haushalt – und der Versuch, alles in einer Balance zu halten, trotzig und trotz allem, sozusagen, den eigenen Weg zu gehen. Jetzt empfinde ich es manchmal als Erleichterung, dass ich auch allein sein kann, mich auch mal ganz zurückziehen kann – im Häuschen einer Freundin am Timmendorfer Strand zum Beispiel, wo ich an diesem Buch schreibe. Es gibt beides: einsam sein, ohne allein zu sein und allein sein, ohne Einsamkeit zu spüren.

Darum scheint es mir entscheidend, Einsamkeit und Alleinsein zu unterscheiden. Einsamkeit ist ein Verlassensein von anderen Menschen; der Begriff hat für uns heute einen bitteren Zug. Sicher ist es eher das Alleinsein, das in der religiösen wie der künstlerischen Erfahrung als positiv und kreativ wahrgenommen wird. Und da sind die Menschen unterschiedlich veranlagt. Es gibt Männer und Frauen, die leben am liebsten mitten im Sturm, es sind so viele Bälle in der Luft, dass immer jongliert werden muss – aber es gelingt und sie sind glücklich. Lange Zeit habe ich mich so gefühlt. Wenn ich solche Menschen heute treffe – mit einigen bin ich befreundet – halte ich manchmal den Atem an und denke: Hoffentlich kommt sie auch zum Durchatmen, hoffentlich findet er mal einen ruhigen Moment zum Nachdenken.

In der Mitte des Lebens werden mir solche Ruhepunkte wichtiger. Während andere darüber spekulieren, ob ich nun »Karriere machen« will und nach Posten oder Positionen strebe, bin ich viel mehr bei mir selbst und suche die Zeiten des Alleinseins. Eine Freundin meinte, sie habe Angst vor diesen Zeiten, weil sie dann mit sich selbst konfrontiert würde. Das stimmt ja auch. Und klar, das ist nicht immer leicht, schön und lustig, so genau auf sich selbst zu schauen und nicht ausweichen zu können. Aber ich mache auch die Erfahrung, dass das Alleinsein und die Konfrontation mit mir selbst mich ruhiger machen, sicherer, reifer. Ich lerne mich besser kennen, weiß immer besser, wie ich bin – weiß aber auch, dass das akzeptabel so ist, sogar gut. Ich weiß mich gehalten. Ich muss niemandem mehr etwas beweisen, ich weiß, wer ich bin mit meinen Schwächen wie mit meinen Stärken.

Im fünften Kapitel des Johannesevangeliums wird von einem Mann erzählt, der seit mehr als 38 Jahren gelähmt ist. Er liegt an einem Teich, von dem bekannt ist: Wenn das Wasser sich bewegt, wird der Erste, der danach hineinsteigt, geheilt. Aber der Gelähmte hat niemanden, der ihm helfen würde, hineinzusteigen. Seit 38 Jahren. Wie bitter muss dieses Gefühl sein, ein bitteres Verlassensein von allen Menschen. Eine Einsamkeit, an der nichts Fruchtbares und Kreatives ist, die vielmehr ausstößt aus der Gemeinschaft. Krankheit wurde in jenen Zeiten oft als Strafe Gottes gesehen, sie führte selten zu diakonischem Handeln aus Mitgefühl, sondern eher zur Isolation.

Eines Tages, so erzählt die Geschichte, kommt Jesus zu ihm und fragt ihn: »Willst du gesund werden?« Ich fand diese Frage immer merkwürdig. Natürlich will der Mann gesund werden, wer wollte das nicht! Er liegt doch an diesem Teich in der Hoffnung auf Genesung! Und merkwürdig ist auch, dass der Kranke nicht zu Jesus kommt, sondern umgekehrt – Jesus geht zu dem Gelähmten.

Und die Antwort des Gelähmten lautet nicht: »Ja, ich will gesund werden!« – er sagt: »Herr, ich habe keinen Menschen«. Da wird deutlich, wie viel mehr ihn die Einsamkeit bedrückt als die Lähmung. Das Ausgeschlossensein macht ihm das Herz unendlich schwer. In dieser Erzählung wird Heilung schließlich möglich, weil Jesus ihn zurückholt in die Gemeinschaft.

Mir fällt dabei auch auf: Wir dürfen uns auch nicht selbst isolieren. Tage des Alleinseins können gut tun, aber Alleinsein sollte nicht zur Abgrenzung oder gar Ausgrenzung führen. Es geht auch um uns selbst und wie wir mit dem Alleinsein umgehen. Nutzen wir es, um Klärungen herbeizuführen, Kraft zu tanken, Mut zu gewinnen, tut es uns gut? Es ist wichtig, zu wissen, wer ich bin, ich allein, um anderen auch frei und offen gegenüberzutreten zu können. Und gleichzeitig weiß schon die biblische Schöpfungsgeschichte: »Es ist nicht gut, dass der Mensch allein sei«. Zusammensein gehört zum Menschsein! Das gilt nicht nur für eine Zweierbeziehung! Vielmehr bereichert es auch eine Zweierbeziehung beziehungsweise eine Ehe, wenn Menschen vielfältige andere Kontakte haben.

Das heißt: Es ist gut, mit sich allein sein zu können. So erfahre ich, wer ich selbst bin, setze mich mit mir auseinander, kenne mich selbst. Denn es gibt auch ein Weglaufen vor sich selbst, ein Flüchten in Aktivitäten. Das wusste schon Bernhard von Clairvaux, der im 12. Jahrhundert an Papst Eugen III. schrieb, dessen Lehrer und Freund er war:

Wo soll ich anfangen? Am besten bei deinen zahlreichen Beschäftigungen. Denn ihretwegen habe ich am meisten Mitleid mit dir. Ich fürchte, dass du, eingekeilt in deine zahlreichen Beschäftigungen, keinen Ausweg mehr siehst und deshalb deine Stirn verhärtest. Dass du dich nach und nach des Gespürs für einen durchaus richtigen und heilsamen Schmerz entledigst. Es ist viel klüger, du entziehst dich von Zeit zu Zeit deinen Beschäftigungen, als dass sie dich ziehen und dich nach und nach an einen Punkt führen, an dem du nicht landen willst. Du fragst, an welchen Punkt? An den

Punkt, wo das Herz hart wird. Wenn also alle Menschen ein Recht auf dich haben, dann sei auch du selbst ein Mensch, der ein Recht auf sich hat. Warum solltest einzig du selbst nichts von dir haben? Wie lange noch schenkst du allen anderen deine Aufmerksamkeit, nur nicht dir selbst? Wer aber mit sich selbst schlecht umgeht, wem kann er gut sein? Denke also daran: Gönne dich dir selbst. Ich sage nicht, tu' das immer, ich sage nicht, tu' das oft, aber ich sage, tu' das immer wieder einmal: Sei wie für alle anderen auch für dich selbst da, oder jedenfalls sei es nach allen anderen.

Mir schickte jemand diesen Brief Bernhards von Clairvaux zur Einführung in das Amt der Landesbischöfin. Und ich muss sagen, über acht Jahrhunderte hinweg empfinde ich ihn als hilfreichen Rat. Solches Alleinsein, solches »dich dir selbst gönnen«, sind Stunden oder Tage des Atemholens. Wir brauchen Zeiten des Rückzugs, ab der Mitte des Lebens noch mehr, um Kräfte zu sammeln, denke ich. Wir können lernen, mit uns allein zu sein und eine innere Balance zu finden. Aber Rückzug sollte eben keine Selbstisolation sein, sondern auch immer den Weg finden zurück in Gemeinschaft, in familiäre Beziehungen und Verpflichtungen, in Freundschaften, in berufliches oder ehrenamtliches Engagement. Alles andere wäre ein selbst gewählter Weg in die Einsamkeit, der nicht kreativ ist, sondern destruktiv.

Was gut tut und was in die falsche Richtung geht, das ist für unterschiedliche Menschen sicher verschieden. Ich selbst habe Schritt für Schritt wahrgenommen, wie gut mir Phasen des Alleinseins tun. Das liegt sicher auch an der familiären Situation, die lange Jahre mein Leben absolut dominiert hat. Andere kennen das Alleinsein seit Langem, weil sie nicht in einer Ehe oder Partnerschaft leben oder keine Kinder haben. Deshalb: Auf die Balance kommt es an von Rückzug und Geselligkeit, von Individualität und Gemeinschaft. Doch niemand sollte je sagen müssen: »Ich habe keinen Menschen«. Das ist tieftraurig, finde ich …

Deshalb wünsche ich mir auch so sehr, dass unsere Kirche Orte der Gemeinschaft bereitstellt, der Gemeinschaft ganz Verschiedener, die sich aber eben doch durch ihren Glauben verbunden wissen. Es kann dabei deutlich werden, dass die »Gemeinschaft der Heiligen« eine Gemeinschaft der Gebrochenen ist. Als Kirche sind wir eine Gemeinschaft der Heiligen: Als ich das kürzlich in einem Vortrag auf einem internationalen Kongress lutherischer Theologinnen und Theologen sagte, kam ein afrikanischer Bischof hinterher zu mir und sagte: »Aber wir müssen die fernhalten, die nicht heilig sind«. Und er erzählte mir, dass in seiner Kirche Witwen, Mütter unehelicher Kinder und menstruierende Frauen vom Abendmahl ausgeschlossen sind. Es entwickelte sich ein heftiger Dialog zwischen uns, denn ich denke, eine solche Haltung entspricht in keiner Weise dem, was Jesus gelebt und gelehrt hat. Er hat sich anrühren lassen von der blutflüssigen Frau, er hat Tischgemeinschaft mit Zöllnern gefeiert, er hat angesichts der drohenden Steinigung einer Ehebrecherin gesagt: »Wer unter euch ohne Sünde ist, der werfe den ersten Stein«. Die Gemeinschaft um Jesus war eine »inklusive Gemeinschaft«, in der alle einen Platz hatten. Und wir werden bei der Taufe Teil dieser Gemeinschaft der Heiligen.

Das ist keine Gemeinschaft von absolut perfekten Menschen – heilig sind nach Martin Luther vielmehr diejenigen, die wissen, dass sie ganz und gar auf Gott angewiesen sind. Mir ist das in den vergangenen Jahren immer wichtiger geworden: Es sind nicht die Perfekten, die Makellosen, die Gott in die Nachfolge ruft. Nein, von Anfang an sind das einfache Fischer und Hausfrauen und Zöllner und Huren. Es ist nicht gerade eine Elitetruppe, die beauftragt wird, die gute Nachricht von der Auferstehung weiterzugeben. Und das ist ja ganz offensichtlich auch heute noch so, davon kann ich als Bischöfin ein Lied singen. Gott beauftragt nicht immer die Fähigsten. Aber die Gott beauftragt, die befähigt er auch, darauf dürfen wir vertrauen. Und das ist doch eine gute und entlastende Nachricht für alle: Schließlich ist niemand makellos und perfekt – das wird uns ja auch immer klarer, je besser wir uns selbst kennen.

Aufbrüche wagen

*Ziehe fort aus deinem Land, von deiner Verwandtschaft und aus
deinem Vaterhaus in das Land, das ich dir zeigen werde!* [45]

Die *Midlife-Crisis* ist ein geläufiger Ausdruck vor allem für Männer
in der Lebensmitte, die in eine Krise kommen, in der sie oft nach
der Orientierung auf Beruf und Status die Frage nach dem Sinn
stellen, eine Phase, in der es häufig passiert, dass sie ihre gleich-
altrigen Ehefrauen verlassen und mit oft wesentlich jüngeren
Frauen als Lebenspartnerin einen Neuanfang suchen. Natürlich
ist das auch ein Klischee – nicht jeder Mann erlebt eine solche
Krise, viele Männer stehen treu zu ihrer Familie, viele sehen sich
solch grundsätzlichen Anfragen gar nicht ausgesetzt. Aber kein
Klischee kann entstehen ohne ein Phänomen, das den Grund dafür legt. Interessanterweise gibt es dazu schon in den Väterge-
schichten der Bibel mit Abraham ein Vorbild. In der Auslegung
eines Mannes zu dieser Geschichte, die ich vor einiger Zeit gehört
habe, finde ich ungeheuer spannende Anregungen: Er hat das
Weggehen als Chance dargestellt. Schließlich beginnt mit diesem
Aufbruch Abrahams eine ganz neue große Geschichte! Da geschieht in späten Jahren ein Neuanfang, der nicht als Verlust angesehen wird oder als Versagen oder Verantwortungslosigkeit, sondern als kreative Phase im Leben, die neue Möglichkeiten eröffnet.

Wie ist das mit Frauen in dem Alter? Warum redet niemand
über die *Midlife-Crisis* bei Frauen? Für Frauen kommt in dieser
Zeit so langsam das Klimakterium – darin eine positive Wende zu
sehen, fällt sicher vielen eher schwer. Allein das Wort »Hitzewallungen« führt schon zu schamhaftem Erröten. Altern bringt für
Frauen in der öffentlichen Wahrnehmung offenbar nur Negatives,
vor allem körperlichen Verfall. Wo sind die positiven Veränderungen beim Älterwerden? – Gegen Verfallsfantasien und die Konzentration aufs Äußere steht übrigens klar das biblische Bild von
der Weisheit, hebräisch *chokmah*, griechisch *sophia*. Im Buch der

Sprüche (8,22-30) heißt es, diese Weisheit habe schon vor der Schöpfung existiert. Durch ihr übermütiges Scherzen und Lachen habe sie Gott zum Lachen gebracht. Offenbar war im alten Israel eine Weisheitstradition bekannt, die gerade von Frauen wahrgenommen und verkörpert wurde. Auch Gottes Geist gilt übrigens als weiblich, schon allein, weil der hebräische Begriff *ruah* weiblich ist. So können Frauen, die in der Lebensmitte schon einiges an Lebensweisheit angesammelt haben, die sich mit Klugheit einmischen und gestalten und Aufbrüche wagen, sich auf sehr alte Traditionen der Weisheit und des Geistwirkens berufen. Doch scheinen solche Überlegungen wenig Raum zu finden. Eine Frau, die mit Weisheit oder mit Geisteskraft überzeugen will, hat es schwer. Bricht sie in solche Ebenen auf, wird sie schnell als »Emanze« verschrien, als »Lesbe« beäugt, als »Wallekleiderfrau« belächelt – natürlich ruft es Widerstand hervor, wenn gerade auch verdeckte Ordnungen nicht länger akzeptiert werden. Widerstand ist oft ein Zeichen dafür, dass es ums Eigentliche geht! Manche Rollenbilder verändern sich derzeit, das bringt Irritationen auf die Tagesordnung.

Natürlich hat auch die Werbung die Frauen in der Mitte des Lebens längst entdeckt! Es gibt ganze Paletten von Zeitschriften für Frauen »im besten Alter«; da tauchen dann altersspezifische Themen auf wie: »In Würde altern« oder auch »Gedanken zur Unsterblichkeit«. Da gibt es »Neu anfangen mit 40«, aber auch »Schneller zur Rente«. Das beste Alter als Werbezielgruppe haben sicher Frauen, die beruflich etabliert sind und ein festes Einkommen haben, das ist klar – und wenn sie dann noch Angst um Alterserscheinungen haben, wird, wie in *Brigitte Woman* – anders als in der »normalen« *Brigitte* – geworben für: »Remifemin … und die Wechseljahre sind gute Jahre«, und: »Phyto Soya – für das Wohlbefinden in den Wechseljahren«, und: »Claro Hörsysteme«, und: »Odol med 3 – speziell für die Zähne ab 40« …

Wirklich lachen musste ich, als ich in der Apotheke Vitaminkapseln kaufen wollte und »mein« Apotheker sagte: »Ich habe gelesen, Sie sind 50 geworden. Da hätte ich jetzt die Silver Edition

50plus!« Frauen mit 50 müssen also kein Geheimnis mehr aus ihrem Alter machen, wie es früher üblich war, sie sind als Konsumentinnen durchaus gefragt.

Wie aber ist das mit dem Mut zum Neuanfang bei Frauen? Gibt es da nicht wesentlich mehr Ängste als bei Männern? Im bereits genannten Roman schreibt Luise Rinser: »Meine Schwester war am Ende ihres Wegs, aber man ließ ihr nicht Zeit genug, völlig zu verzweifeln. Hätten Sie damals das Gefühl der Verzweiflung bis zur wirklichen Erkenntnis vorgetrieben, so hätte meine Schwester vermutlich auf irgendeine Weise den neuen Weg gefunden. ... Meine Schwester ist viel zu früh der Ordnung zugeführt worden; sie hätte mehr und länger leiden müssen.«[46]

Scheuen Frauen den Neuanfang in der Mitte des Lebens? Oder ist es so, dass Männer ihn oft über die Beziehung zu einer jüngeren Frau gestalten, während das bei Frauen geradezu tabuisiert ist – welcher Mann beginnt schon eine Beziehung mit einer wesentlich älteren Frau? Eine Frau »in den besten Jahren«, das ist doch in der Umgangssprache eine Frau, die den Zenit des Jung- und Schönseins nach allgemeiner Wahrnehmung überschritten hat. Doch es treten heute »neue« Frauen in der Öffentlichkeit auf, die offensichtlich glücklich sind in der Mitte ihres Lebens, die gestalten, Verantwortung im Beruf übernehmen, selbstständig sind. Bundeskanzlerin Angela Merkel hat für die Veränderung des Bildes von der Frau in der Mitte des Lebens langfristig mehr getan, als auf den ersten Blick sichtbar ist. Sie ist nicht die »Frau an seiner Seite«, sondern die »Chefin« der Bundesregierung. Sie hat hohe Verantwortung, Kompetenz und bleibt doch Frau. Ähnliches gilt sicher für Bundesfamilienministerin von der Leyen. Als Mutter von sieben Kindern – außergewöhnlich ohnehin – ist sie außerdem beruflich erfolgreich, Spitzenpolitikerin auf Bundesebene ... Die Berufstätigkeit hat Frauen verändert. Sicher, es gibt mehr Frauen, die im Niedriglohnsektor arbeiten als an der Spitze der Regierung. Aber immerhin gibt es sie inzwischen auch an der Spitze. Natürlich ist die Berufstätigkeit auch eine große Belastung, geht mit viel Leistungsdruck einher, der viele Frauen – wie eben auch die Männer – in der Mitte des Lebens erschöpft. Aber Frauen sind auch unabhängiger geworden im Blick auf die eigene Altersversorgung durch die Berufstätigkeit; damit ist eine Unabhängigkeit erreicht, wie sie keine Generation vor uns gekannt hat. Und Frauen zeigen auch eine Lust an der Verantwortung, eine Freude am Gestalten.

Nie waren Frauen selbstständiger als heute – zumindest in der westlichen Welt. Ich erlebe es so, dass viele Frauen in der Mitte des Lebens den Mut haben, sehr genau hinzuschauen: Was ist mir wichtig, wie will ich leben, wenn ich weiß, dass meine Lebenszeit begrenzt ist? Was möchte ich erreichen, was ist weniger »meins« als von anderen Übernommenes, über das ich bislang gar nicht nachgedacht habe? Hänge ich am Status oder liegt mir an meinem inneren Frieden? Wohl auch deshalb reichen statistisch gesehen immer mehr Frauen die Scheidung ein. Sich diesen Fragen zu stellen, ist nicht leicht. Denn vielleicht gehört dazu ja auch einzusehen, dass allzu lange ein Ist-Stand akzeptiert wurde, der nicht Lebensglück bedeutete ...

Ich persönlich habe meine Scheidung als einen Punkt erlebt, der als Konsequenz unausweichlich geworden war; sonst hätte ich niemals den Mut dazu gehabt. Aber ich habe die Phase der Veröffentlichung und der offenen Kritik bis hin zu Häme, Verachtung und Hass als schrecklich erlebt. Niemandem wünsche ich eine solche Wucht an Meinungsbezeugungen derer, die vermeintlich wissen, wie es gut und richtig zu sein hat. Aber ich bereue diesen Schritt nicht, er war für mich eine notwendige Klärung um der Wahrhaftigkeit willen, auch wenn er die Konvention verletzt und manche tief irritiert hat. Ich wäre ihn auch um den Preis meines Amtes gegangen, zu dieser Klarheit war ich am Ende gekommen. Und gleichzeitig war mir bei allem immer bewusst: Lieber wäre ich verheiratet geblieben! Da ging es mir nicht um ein Bild nach außen, wie manche es gefordert haben, sondern um meine eigene Lebenskonzeption, meine Vorstellung von meinem Leben, die an diesem Punkt gescheitert ist. Eine lebenslange Ehe, bis dass der Tod sie scheidet, kann eine wunderbare Lebensform sein und tut auch der Familie, ja der Gesellschaft als stabilisierender Faktor gut, wenn beide Beteiligten in ihr Segen finden.

Die Trennung einer Beziehung ist immer mit Trauer verbunden, mit der Empfindung von Verlust, die wir auch zulassen müssen. Eine Freundin, die sich mitten in diesem Prozess befindet, schreibt mir, sie sei ziemlich stabil; aber da sei immer wieder diese tiefe Trauer um das, was sein könnte und sollte, aber trotzdem einfach nicht lebbar ist … Trauer und Trennungsschmerz dürfen wir nicht verdrängen oder leugnen. Aber es gibt auch neue Anfänge! Bin ich offen dafür, dass Neues sich ereignet in meinem Leben? Das ist gewiss auch eine Frage der inneren Haltung. Gerade die schmerzhafte Leere kann den Weg zu neuen Möglichkeiten eröffnen, neuen Beziehungen, beruflichen Neuanfängen, der Entdeckung von neuen Seiten in mir. Dazu gehört, dass ich es wage, meine Möglichkeiten auszuprobieren – und dann vielleicht erlebe, dass ich Theater spielen kann oder im Fitnessstudio Spaß an Pilates habe, oder gern im Literaturkreis dabei bin oder die Tafel für Kinder mitorganisiere. Oder eine neue Beziehung tritt in mein Leben, ich lasse mich auf einen neuen Menschen ein, will die Zukunft mit ihm teilen. Das Alte zurücklassen, die Trauer zulassen, sie aber nicht die Oberhand gewinnen lassen und dann den Neuanfang wagen: Darum geht es.

44 Johannes 5,7.
45 1. Mose/Genesis 12,1.
46 Luise Rinser, a. a. O., S. 154f.

Neuland betreten

Es kann passieren, dass wir in der Mitte des Lebens einfach an uns selbst vorbeilaufen. Dann ignorieren wir, wo wir stehen, und machen einfach täglich weiter, und es folgt Trott auf Trott. Aber das Leben ändert sich, und um seinen Herausforderungen zu begegnen, ist eine innere Balance notwendig, eine Übereinstimmung von Innen und Außen, braucht es Gelassenheit und Ruhe, ohne die wir nicht die Kraft haben, unser Leben bewusst zu gestalten. Das kann von Mensch zu Mensch sehr verschieden aussehen, aber es bedarf eines Innehaltens. Immer wieder einmal ist sozusagen ein Stoppschild nötig, das signalisiert: Halt mal an und schau, wer du bist und wo du stehst. Und dann betritt mutig neues Land.

Gelassenheit einüben

Der Herr ist mein Licht und mein Heil, wen sollte ich fürchten!
Der Herr ist der Hort meines Lebens, vor wem sollte mir bangen![47]

Was habe ich früher gekämpft! Ich wollte nicht weniger als die Welt verändern, verbessern, gegen Hunger und Unrecht antreten. Damals haben mich manche belächelt, naiv sei das, von wegen »Gerechtigkeit, Frieden, Bewahrung der Schöpfung« – das sei doch weltfremd … Manchmal schaue ich zurück und denke: War ich wirklich naiv? Oder bin ich jetzt abgestumpft? Habe ich mich zu sehr eingefunden in das, was »Realität« genannt wird und fange ich auch schon an, junge »Weltverbesserer« zu belächeln?

Nein, das möchte ich nicht. Und wer heute 20 Jahre zurückschaut, sieht sehr wohl, wie die Vorstellung von einer gerechteren, friedlicheren Welt im Einklang mit der Schöpfung, wie Kerzen und Gebete in der DDR zur friedlichen Revolution geführt haben. Die Welt wurde verändert! Da gab es Hoffnungen, die sich Bahn brachen, da gab es in Ostdeutschland einen ungeheuren Mut, der eine Mauer zum Fallen brachte.

Aber mit 50 ist schon auch klarer geworden: Es geht in der Regel nicht so schnell, du musst deine Ungeduld zähmen. Die Welt ist groß, aber ich will nicht resignieren – Klimawandel, Weltarmut, Unterdrückung von Frauen, das sind Themen, die mich weiterhin bewegen. Aber mir ist viel bewusster, wie klein die Schritte sind, die wir als Einzelne oft nur gehen können. Mir ist bewusst: Es gibt Grenzen meiner Möglichkeiten. Und was Menschen betrifft: Wie oft habe ich gemeint, sie aus ihrer schwierigen Situation »befreien« zu müssen. Ich erinnere mich an eine junge Mutter, die ich im Vikariat kennenlernte. Was habe ich nicht alles unternommen, damit sie eine bessere Wohnung, einen Arbeitsplatz, einen Kitaplatz für die Kinder bekommen hat. Aber sie wollte das alles gar nicht. Ich musste begreifen, dass es meine Ideale, meine Maßstäbe waren, von denen ich glaubte, dass sie sie auch haben müsste. Aber es war definitiv nicht ihre eigene Vorstellung vom Leben … Solche Erfahrungen machen behutsamer und auch demütiger, finde ich.

Das heißt nicht, dass es nicht gut und richtig und wichtig ist, Ziele und Visionen zu haben, den eigenen Weg zu gehen. Die Geschichte von Ruth und Noomi aus der Bibel ist ein schönes Beispiel dafür. Nachdem sie verwitwet ist und auch beide Söhne verloren hat, stellt Noomi sehr realistisch fest: »Ich bin nun zu alt, um wieder einen Mann zu nehmen« (Ruth 1,12). Da in dieser Zeit Frauen aber auf einen männlichen Versorger angewiesen sind, muss die jüngere Ruth jemanden finden – und in dem entfernten

Verwandten Boas stellt sich eine Perspektive für beide ein: Noomi wird im Haushalt von Boas und Ruth mitversorgt werden. Eine tiefe Solidarität ist da zwischen der jüngeren und der älteren Frau; solche Solidarität stelle ich auch heute fest, zwischen Müttern und Töchtern, älteren und jüngeren Frauen – das ist eine bemerkenswerte positive Veränderung der letzten Jahre. Vor wenigen Jahrzehnten wurde eher noch die ständige Auseinandersetzung, das große Drama zwischen Müttern und Töchtern gesehen; heute wird mit einem gewissen Erstaunen wahrgenommen, dass Mütter und Töchter meist eine gute und nahe Beziehung zueinander pflegen. Die meisten Töchter lieben ihre Mütter, vertrauen ihnen, sehen sie als zentrale Gesprächspartnerin und oft als Vorbild. Das ist eine schöne Entwicklung, finde ich.

Ob das auch damit zusammenhängt, dass die Müttergeneration heute gelassener ist? Ich glaube, da ist weniger Neid auf die Töchter – Mütter haben ein eigenständiges Leben. Viele sind berufstätig, viele ehrenamtlich engagiert, viele aktiv und fröhlich mitten im Leben. Sie sind für Bestätigung nicht allein auf die Kinder angewiesen, haben Erfolg oder erfahren Unabhängigkeit. Das macht gelassen. Doch diese »Gelassenheit« löst unterschiedliche Assoziationen aus. Die Fotografin, die das Bild für dieses Buch gemacht hat, schrieb mir in einer Mail ihre Gedanken zu verschiedenen Titelüberlegungen, die wir hatten: »Ich freue mich sehr, dass mein liebstes Bild von Ihnen auch der Buchtitel wird. ... Eine ›50‹ (im Titel) finde ich überflüssig und abgenutzt. Außerdem haben die Alterszahlen nur in Deutschland diese merkwürdige Bedeutung. In Amerika wird nicht nach Alter klassifiziert. Die Mitte des Lebens kann auch eine 40 sein. ›Gelassen älter werden‹ mag ich auch nicht. Habe ich schon tausend Mal gehört und dann ist dieser Spruch für mich nur so eine theoretische Schutzbehauptung. Denn ich werde nicht gelassen älter. Den einzigen Reichtum, den ich beim Älterwerden erfahre, ist die sehr bewusste größere Intensität. Es kommt gar nicht mehr so darauf an, dass ich unendlich viel erlebe, sondern immer mehr, *wie* ich was erlebe.«

Sie hat gesagt, ich darf das zitieren. Und ich kann ihr nur zustimmen. Ich finde auch: Gerade sie, Monika Lawrenz, strahlt als Fotografin diese Gelassenheit aus. Und auch ich an mir selbst stelle etwas fest, das ich eben Gelassenheit nenne. Das ist nicht eigentlich das Älterwerden, das ja nun auch nicht grundsätzlich wunderbar ist. Sondern es ist eine größere Ruhe, als ich sie früher hatte. Ich denke, du wirst schlicht sicherer im Leben, in dem du sagst und empfindest. Vielleicht traue ich mich auch mehr, mich auf meine Empfindungen und Wahrnehmungen zu verlassen, mir selbst zu vertrauen und mich weniger vom Urteil anderer abhängig zu machen. Das ist sicher ein Ergebnis von Lebenserfahrung und kommt also mit dem Älterwerden …

Und ich bin auch gelassener geworden, was die Einsicht betrifft: Die eigene Lebenserfahrung kann nicht Maßstab für die nachfolgende Generation sein. Wie sehr haben Mütter und Väter, Onkel und Tanten, Lehrerinnen und Lehrer versucht, Kindern ihre Erfahrung weiterzugeben! Das kann hilfreich sein – und doch muss jeder Mensch seine Erfahrungen letzten Endes selbst machen. Die angestrengten Versuche von Eltern, das Leben ihrer Kinder so zu beeinflussen, wie sie es für das Beste oder einfach für »richtig« halten, sind oft unsinnig. Die nachwachsende Generation wird ihren eigenen Weg finden. Manches aus unserer Erfahrung können wir ihnen sagen und mitgeben, aber bestimmen werden sie die Zukunft. Und ihre Erfahrungen werden sie in die Mitte des Lebens tragen.

In ihrem Buch »Reifeprüfung«[48] hat Petra Gerster auf sehr nachdenkliche Weise beschrieben, wie sich in der Mitte des Lebens die Perspektive auch ändern kann: »Gerade um die fünfzig herum schärft sich sogar der Blick für die Menschen, die uns gut tun, denn die Erfahrungen haben uns sicherer gemacht in unserem Urteil über andere und uns selbst. Wir wissen, was wir erwarten und selber zu geben bereit sind. Oder wir sind kühn genug, uns auch ohne ein solches Wissen auf jemanden einzulassen – einfach um seiner selbst willen, weil uns dieser Mensch fasziniert.«[49] So ist das: Einerseits wissen wir, wer wir sind und mit wem zusammen wir unsere

Zeit, restliche Zeit vielleicht, auf jeden Fall kostbare Zeit, verbringen wollen. Andererseits sind wir unserer selbst sicherer und haben den Mut, ab und an ein Wagnis einzugehen, uns auf jemanden einzulassen aus einer ganz anderen Welt, einem ganz anderen Zusammenhang. Wenn mir jemand neu begegnet und ich erlebe, dass bei allen Verschiedenheiten, die unterschiedliche Wege mit sich bringen, eine innere Nähe möglich ist, ein geistiger Austausch, freue ich mich an dieser Übereinstimmung, an dem kreativen Schwung, den eine solche Begegnung mit sich bringt, an der Entdeckung des Eigenen im anderen. Das erweitert immer unseren Horizont. Ich denke, Petra Gerster hat recht – wir können »kühn« sein und uns einlassen auch auf Unbekanntes, wenn wir wissen, wo wir stehen in der Mitte des Lebens. Es braucht inneres Gleichgewicht und Gelassenheit, damit ich mich einlassen kann auf Neues.

Innere Stille finden

Gott war nicht im Sturm[50]

Der Prophet Elia, von dem die Bibel erzählt, ist das, was wir eine Kämpfernatur nennen! Auch zu seiner Zeit nicht gerade ein Sympathieträger übrigens, eher ein Querkopf, ein Mann, der sein Innenleben nicht preisgibt; er bleibt ein Fremder. Als eine Art »wilder Nomade« wird er beschrieben, mit langhaarigem Fellmantel. Er hat wahrhaftig gewütet für seinen Gott, ist angetreten zur Verteidigung des rechten Glaubens. Elia hat Wunder gewirkt und Zeichen für die Macht Gottes gesetzt, als Mann Gottes ist er anerkannt.[51] Eine Figur, die zu betrachten äußerst spannend ist in der Mitte des Lebens. Er zeigt sich verletzlich, ist nahe dran, zu resignieren und alles hinzuwerfen – und gleichzeitig ist er geradezu unbeirrbar, was seine Ziele und Hoffnungen betrifft. Eine Episode seiner Geschichte will ich ausführlicher darstellen:

Elias besonderer Kampf gilt dem Baalskult, der in Israel Einzug gehalten hatte, er hat geradezu gewütet – 450 Priester Baals haben durch ihn den Tod gefunden. Der König Ahab hatte eine Anhängerin dieses Kults geheiratet, Prinzessin Isebel, um den Frieden mit den umliegenden Nationen zu wahren, und Isebel brachte ihren Glauben an den phönizischen Gott Melkart mit, der als Baal (»Herr«) bezeichnet wird. Elia, Prophet Jahwes, des Gottes Israels, erlebt schließlich einen großen Triumph: Er kann König Ahab überzeugen, dass der Abfall vom Gott Israels ins Unglück führt, und das Volk hat endlich den Gott Israels als seinen wahren Gott erkannt. So endet Kapitel 18.

Aber jetzt: Die mächtige Königin Isebel gibt sich nicht geschlagen und sagt ihm erneut den Kampf an – schließlich hat Elia die Propheten ihres Glaubens getötet. Elia seinerseits ist erschöpft nach dem Kampf, am Ende, ausgebrannt, er kann nicht mehr. Viele kennen in der Mitte des Lebens solche Erschöpfung. Die beruflichen Anforderungen nehmen überhand, die notwendigen Kleinigkeiten des Alltags – einkaufen, putzen, Rechnungen bezahlen – werden übergroß und scheinen kaum bewältigbar. Auch ich kenne solche Phasen. Dann klicke ich mich durch die kommenden drei Wochen in meinem Kalender und denke: Wie sollst du das schaffen? Wann willst du das vorbereiten? Und daneben der andere Film: Ich müsste zur Reinigung, die Steuererklärung muss gemacht werden, und das Päckchen an meine Mutter ist immer noch nicht abgeschickt. Dann ist alles zu viel, und eigentlich möchtest du dich nur noch ins Bett legen und die Decke über den Kopf ziehen. Auch Elia geht es so. Er will nicht weiter. In der biblischen Geschichte kommt ein Engel zu ihm, bringt ihm Brot und Wasser und sagt: »Steh auf und iss, dein Weg ist weit.«

Und Elia isst, steht auf, und geht. 40 Tage lang. Und er kommt an den Horeb. Gemeint ist der Berg Sinai, der Gottesberg. Von dort her kommt Gott seinem Volk in ausweisloser Lage zu Hilfe, immer wieder in der Geschichte Israels. Was hat Elia eigentlich solche Angst gemacht? Mit Isebel und den Baalpriestern musste er doch schon länger fertig werden! Ist es vielleicht die Erkenntnis: »Ich bin nicht besser als meine Väter?« Was aber wäre das auch für eine Selbstüberschätzung, besser zu sein als alle vor ihm: Abraham, Mose, Isaak, Jakob? Eine Anmaßung, falls er das gedacht hat – aber vielleicht die Anmaßung jeder nachkommenden Generation? Doch Gott, so sagt es der Volksmund, wird am Ende der Tage nicht fragen, warum wir nicht waren wie unsere Väter und Mütter im Glauben, sondern warum wir unsere eigenen Möglichkeiten nicht ausgeschöpft und das Beste aus unserem Leben gemacht haben.

Am Berg angekommen, zieht Elia sich in eine Höhle zurück. Aber Gott lässt seinen Propheten nicht schlafen, sondern fragt: »Was willst du hier?« Das klingt fast vorwurfsvoll ... Und Elia singt sein Klagelied, fast trotzig, vorwurfsvoll seinerseits gegenüber Gott hört sich das an. Alle seien vom Glauben abgefallen, nur er allein sei übrig. Elia übertreibt hier, er überzieht maßlos. Wenige Verse später wird es ja heißen, dass siebentausend Israeliten vor Baal nicht in die Knie gingen. Aber solche Übertreibung ist menschlich. »Ich habe Angst, ich werde verfolgt, die anderen sind im Unrecht!« Und dann sehe ich nur noch mich, und ich bin ganz allein. Da ist Einsamkeit verknüpft mit Selbstüberschätzung: Ich, der einzige Gerechte ... Indem Gott Elia alsbald anweist, Elischa als seinen Nachfolger zu salben, befreit er ihn auch von seiner verzweifelten Selbstwahrnehmung. Er muss kein einsamer Einzelkämpfer sein, sondern kann sich wieder einreihen in die Geschichte Gottes mit den Menschen.

Gott fordert nun Elia auf, die Höhle zu verlassen. Das ist eine wichtige Wendung. Gott hört Elias Klage und seine Verzagtheit. Aber ein Prophet in einer Höhle ist kein Prophet mehr. Er mag sich sicher fühlen – aber er kann seine Aufgabe nicht wahrnehmen, er verliert seine Identität. Und dann kommt jene so berühmte Passage, die Episode, auf die alles zuläuft: Entsetzlicher Sturm, Erdbeben und Feuer kommen in den Berg. Sie sind Zeichen der Macht und Gegenwart Gottes – genau mit diesen Zeichen wird aber auch

Baal identifiziert, und Elia hat in seiner Auseinandersetzung mit den Baalsleuten gerade versucht zu beweisen, dass der Gott Israels in dieser Hinsicht stärker ist als Baal, dass er nicht nur konkurrenzfähig, sondern überlegen ist! Aber jetzt hier am Gottesberg, auf dem Elia allein ist, zeigt sich etwas ganz anderes: Gott ist nicht einfach ein stärkerer Konkurrent Baals. Gott ist anders – und lässt sich nicht in den mächtigen Naturerscheinungen, in diesem ganzen Getöse finden. »Ich bin, der ich bin«, »Ich werde sein, der ich sein werde«, sagt Gottes Name. Gott lässt sich nicht in unsere Vorstellungen pressen.

Erst als die Stille kommt, ein »sanftes Säuseln«, erkennt Elia, dass Gott da ist. Er verlässt die Höhle mit verhülltem Gesicht, jetzt kann er sich Gott stellen, Gott begegnen, kann hören. Bis an diese Stelle war Elias Bild von Gott ziemlich martialisch: Er hat für einen Kämpfergott gekämpft. Nun lernt Elia, das Schwache auch in sich zu sehen. Sich anzusehen mit all den Schwächen. Er lernt Demut. Und er lernt, dass Gott ganz anders sein könnte als in unseren Vorstellungen. Nicht der Gewaltige, sondern das Sanfte.

Wie ist das mit der Stille? Mir ist wichtig, dass die Geschichte nicht einfach erzählt: Gott ist in der Stille. Deutlich wird: Es muss erst einmal still werden, damit wir Gott hören können. In unserer Zeit wird es selten genug still. Alles ist laut, wir lassen uns ununterbrochen beschallen. Weil ständig irgendetwas piepst und klingelt, imitieren inzwischen angeblich bereits Singvögel die Handy-Klingeltöne – und singen lauter, um die Menschen-Geräusche zu übertönen. Viele Menschen kennen gar keine Stille mehr und wissen nicht, wie sie damit umgehen sollen. Überall ist es laut, überall wird geredet oder ein Geräusch gemacht, die Welt dreht sich so schnell und die Veränderungen sind so rapide, dass wir uns selbst zu verlieren drohen. Oder anders ausgedrückt: Unsere Seele kann nicht Schritt halten. Die Seele vieler ist so oft erschöpft und verletzt, vielleicht auch einfach vernachlässigt. Seelsorge braucht unsere Zeit. Das schöne Lied aus Taizé kann den Anfang machen: *Schweige und höre, neige deines Herzens Ohr, suche den Frieden.* Ja, wer schweigt und hört, kann Frieden finden für die Seele. Stille ist wirklich not-wendig geworden. Nur wer Stille findet, kann hören lernen. Ohne in die Stille zu gehen, laufen wir vor uns selbst und vor Gott weg. Wir lassen uns ablenken durch Gags und Gackern. Wer freitagabends fernsieht, könnte meinen, das ganze Leben sei ein einziger Witz. Eine der traurigsten Statistiken unseres Landes ist für mich die: Ein 75-jähriger Deutscher hat durchschnittlich neun Jahre vor dem Fernsehgerät verbracht. Wie soll er oder sie da noch Gott hören? In welchem Programm wäre Gott denn zu finden?

Elia nimmt ein Säuseln wahr, eine leichte Bewegung. Einen Hauch, zart, sanft. Nehmen wir solche leisen Töne überhaupt noch wahr? Für mich ist Stille wichtig geworden. Gerade wo immer mehr Druck entsteht, Rollenerwartungen mich einengen, der Alltag von Terminen durchgetaktet ist, Manuskriptabgabetermine drängen, Besprechungen meine Konzentration fordern, brauche ich Abstand, Stille, Ruhe. Wir verlieren uns selbst, wenn wir solche Ruhephasen nicht mehr finden. Und mit Ruhe meine ich nicht die Beruhigungspille, die die innere Ruhelosigkeit betäubt, sondern ein Kraftschöpfen aus den Tiefen der Stille. Ich erlebe an mir selbst, dass ich nach einer Phase der Stille wieder im Gleichgewicht bin und mich neu auch Konflikten stellen kann, nach vorn gehe, die Auseinandersetzung wage. Ohne solche Stille fehlt mir der Ausgangspunkt, die Bodenhaftung für das Standbein, das die Balance möglich macht.

Gerade, wer beruflich eingespannt ist, wird bei aller Freude am Gestalten diese Sehnsucht nach Ausgleich durch einen Rückzug spüren. Aber nicht nur die Erwerbstätigkeit schlaucht – auch wer vom Alltag, von den eigenen Erwartungen und denen anderer, vom Ehrenamt, von der Sorge für andere gefordert ist, braucht Ruhephasen, und in der Mitte des Lebens immer deutlicher. Elias Geschichte hat viel mit denen zu tun, die von der Anstrengung und den Anforderungen erschöpft sind, und zeigt, wo neue Kraftquellen sind.

47 Psalm 27,1.
48 Vgl. Petra Gerster, Reifeprüfung. Die Frau von 50 Jahren, Berlin 2007.
49 Ebd., S.112.
50 Der folgende Textabschnitt ist teilweise übereinstimmend mit meiner Bibelarbeit beim Katholikentag in Ulm am 17.6.04 zu 1.Könige 19,9-13.
51 Zum Folgenden vgl.:
    Frank Crüsemann, Elia – die Entdeckung der Einheit Gottes: eine Lektüre der Erzählungen über Elia und seine Zeit (1. Kön. 17 – 2. Kön. 2), Gütersloh 1997; Roland Gradwohl, Bibelauslegungen aus jüdischen Quellen, Band 4, Stuttgart 1989; Hartmut Schmid, Das erste Buch der Könige, Wuppertal 2000; Claus Westermann (Hg.), Verkündigung des Kommenden, München 1958; Rudolf Weth (Hg.), Was hat die Kirche heute zu sagen, Neukirchen-Vluyn 1998.

Ängste überwinden

»Wer Krankheit und Angst nicht kennt, spricht über das Leben wie einer, der über die Welt spricht und nie gereist ist«: Ich weiß nicht mehr, woher diese Weisheit stammt, aber sie hat mir sehr eingeleuchtet. Tiefe des Lebens jedenfalls erfahren wir immer durch Brüche und Krisen, denke ich. Und die kommen früher oder später – in der Mitte des Lebens sind wir in der Regel schon einmal damit konfrontiert worden …

Krankheit kennen

Als ich die Diagnose »Brustkrebs« erhielt, habe ich von Anfang an Notizen gemacht, weil ich dachte: Es ist wichtig, diese Tage bewusst zu erleben. Es folgen in Auszügen die Notizen der ersten drei Tage …

25. August 2006. *Houston, wir haben ein Problem!* Diagnose Brustkrebs. Merkwürdig, ich realisiere das bisher kaum. Es ist jetzt 15:45. Um 11 Uhr war ich bei der Gynäkologin, Routineuntersuchung. Sie tastet meine Brust ab und sagt, sie würde gern einen Ultraschall machen. Danach meint sie, es wäre gut, eine Mammografie durchzuführen, da sei Gewebe, das nicht normal sei. »Okay«, sage ich, »nächste Woche ist voll, aber Anfang September …« Sie erwidert: »Frau Käßmann, ich möchte, dass Sie da jetzt, heute noch, hingehen.« Ich kenne die Ärztin seit sieben Jahren, sie neigt nicht dazu, mich zu irgendetwas zu drängen. Sie bittet die Sprechstundenhilfe

zu schauen, bis wann die Radiologie geöffnet hat. Sie schließen um 13 Uhr am Freitag, wenn ich also bis 12:30 Uhr da wäre …

Was soll's, ich setze mich aufs Fahrrad, kaufe noch etwas ein, bringe die Tüte nach Hause, sage in der Kanzlei Bescheid und radle zur Radiologie. Tolle hochmoderne Praxis! Die Bilder werden entwickelt auf einen Schirm gehängt. Ein Arzt kommt: »Mein Name ist Dr. P. Ihr Gesicht kommt mir ja gleich bekannt vor!« Er zeigt mir am Bildschirm, wo das Gewebe nicht normal ist. Ein merkwürdiger Kreis, so ein bisschen wie ein Tornadowirbel, finde ich. Auch er will noch einmal Ultraschall machen. Danach gehen wir in den ersten Raum zurück zu den Bildern. »Das ist also ein Tumor«, sagt er, »und der muss entfernt werden.« »Meinen Sie Krebs?«, frage ich. »Ja, sagt er, nach meinen Erfahrungen ist das bösartig, aber ich bin nur der Radiologe.« »Und was heißt das?«, frage ich. Er sagt: »Vielleicht nehmen sie noch eine Gewebeprobe, aber auf jeden Fall muss das operiert werden. Wo und bei wem, das klären Sie besser mit Ihrer Gynäkologin.« »Und danach?«, frage ich, »Chemo oder sowas?« – »Das werden Sie dann entscheiden müssen«, meint er.

Dieses Gespräch läuft in vollkommener Sachlichkeit und Ruhe ab. Dr. P. bittet mich, noch Platz zu behalten, er wolle das kurz diktieren, ich könne die Unterlagen dann mitnehmen. Nach zehn Minuten kommt er heraus und sagt: »Ich habe Ihre Gynäkologin angerufen, sie wartet darauf, dass Sie gleich jetzt noch einmal vorbeikommen.«

Ich verabschiede mich, nehme meinen Umschlag und rufe die Praxis an. Ich wusste doch, meine Ärztin wollte um 13 Uhr nach Hause gehen. Aber nein, mir wird ausgerichtet, sie warte auf mich. Also radle ich mit Tempo zur Praxis. Sie schaut sich die Unterlagen ernst an und erklärt mir, der Tumor sei etwas mehr als einen Zentimeter im Durchmesser groß, daher könne brusterhaltend operiert werden, aber es sollte so schnell wie möglich sein. Sie schlägt ein Krankenhaus vor. »Eigentlich habe ich echt keine Zeit«, sage ich. »Wie lange dauert das?« Sie erklärt: »In einer Woche sind Sie draußen und dann kommen Chemotherapie und Strahlentherapie – Sie müssen mit zwei Monaten rechnen.«

In diesem Moment geht mir dieser Satz aus dem Kinofilm durch den Kopf: »Houston, wir haben ein Problem!« Ich denke an meinen Terminkalender für September, den wir gerade gestern erst durchgesprochen haben. Wie soll das bloß gehen? Bei Pilawa habe ich fest zugesagt. Und die Generalkonvente. Und der Kirchenkreisbesuch, der Vortrag. Und, und, und … Derweil sagt Frau Dr. W., sie werde versuchen, so schnell wie möglich einen Termin für mich zu bekommen, sie werde mich auf dem Handy anrufen.

Ich radle nach Hause. Vor der Haustür klingelt das Handy – meine Gynäkologin ruft an, sie hat um 10 Uhr am Montag einen Termin in der Klinik gemacht, um den Befund zu sichten, den OP-Termin abzusprechen und die Termine für Chemo- und Strahlentherapie. Ich denke kurz nach, weil in Berlin am Montag eine Aufnahme beim Deutschlandradio ist, ein Gespräch beim rbb, ein Treffen des Rates der EKD mit dem Präsidium der SPD und ein Gespräch mit Kurt Beck über Kriegsdienstverweigerer, weil ich die Präsidentin der KDV bin … Frau W. drängt: »Frau Käßmann, ich würde den Termin echt wahrnehmen!« Gut, denke ich, die Welt wird sich weiterdrehen, auch wenn ich Montag nicht in Berlin bin.

In der Kanzlei rufe ich meine Referentin und die noch anwesende Sekretärin zusammen. Nachdem ich ihnen die Lage erklärt habe, bereden wir, was als Nächstes dran ist. Beide bleiben ruhig, aber ich sehe, wie sie innerlich beben. S. meint: »Wir schaffen das schon.« Wir verabreden: Meine Referentin sagt erstmal nur alle Termine am Montag ab und dann sehen wir weiter. Und jetzt brauchen die beiden Zeit, ohne mich miteinander darüber zu reden.

Gut, denke ich, als Nächstes also an die Predigt für Sonntag. Ich mag das jetzt keinem erklären. Das Telefon klingelt, meine Tochter Sarah aus Argentinien. Strahlend berichtet sie, vielleicht könnten ihr Freund Peter und sie einen früheren Flug am 15. September bekommen. Sie haben ein Ticket, bei dem der Rückflug erst vor Ort geklärt werden kann, und warten schon lange auf einen Platz ... Dann merkt sie, dass etwas los ist und fragt. Ich zögere: Soll ich ihr die Freude verderben, sie klingt so glücklich! Aber wenn ich nächste Woche schon ins Krankenhaus muss, erfährt sie es ohnehin. Also sage ich ganz vorsichtig, da sei ein kleiner Knoten und der müsse entfernt werden. Sie bohrt und fragt nach. So ist sie – und mit ihren 24 weiß sie, was das bedeutet. Brustkrebs also.

Am liebsten möchte sie sofort nach Hause kommen. Sie weint. Ich tröste sie und sage, dass alles halb so schlimm sei. Sie müssen die Brust nicht entfernen, die Heilungsaussichten sind gut, ich möchte nicht, dass sie meinetwegen heimkommt. Im Krankenhaus kann sie doch nichts für mich tun, aber nach der Chemo, wenn ich mich schlecht fühle, dann wäre ich sicher froh, wenn sie da wäre. Sie weint. Ich sage: »Schau mal, meine Kinder sind groß, das ist viel schlimmer, wenn die Kinder klein sind.« Wir erinnern uns an eine Bekannte in Fulda, die nach der Chemo immer Schlafmittel nahm und schließlich alles überstanden hat, selbst als die Haare ausfielen. »Wenn mir die Haare ausfallen, nehme ich keine Perücke«, sage ich. Am Ende verabreden wir, wenn alles überstanden ist, dann fahren wir irgendwo hin. Auf die Malediven wollte ich schon immer. Hoffentlich, denke ich, lässt sich das alles überstehen und ist nicht der Anfang vom Ende, das könnte ja auch sein. Dann müsste ich wesentlich mehr regeln! Aber das sage ich Sarah jetzt nicht, sie ist beunruhigt genug. Ihr Freund wird sie in die Arme nehmen und trösten, gut, dass Peter da ist.

Jetzt sitze ich am Schreibtisch. Ich bin ganz ruhig. Aber ich ahne, die nächsten Wochen werden sehr anders als geplant. Wem sage ich wann was? Jetzt scheint es mir irgendwie zu früh. Wahrscheinlich warte ich bis Montag. Meine Mutter wird tief beunruhigt sein. Die anderen Töchter auch. Meine beste Freundin hat erst vor zwei Jahren ihren Mann durch Krebs verloren, sie wird sich furchtbar erschrecken. Bei U. sollte ich nächsten Samstag die Wohnung einweihen. Mit G. wollte ich im Oktober nach Lanzarote fliegen … Also schreibe ich jetzt erst einmal die Predigt für Sonntag. Festgottesdienst, Groß- und Klein-Liedern feiern »1000 Jahre erste urkundliche Erwähnung«. Als Predigttext nehme ich Psalm 90, darin heißt es, 1000 Jahre seien vor Gott wie ein Tag. Und auch: »Lehre uns bedenken, dass wir sterben müssen, auf dass wir klug werden.« Passt ja irgendwie zusammen.

Wie sagt Jesus in der Bergpredigt? Es genügt, dass jeder Tag seine eigene Plage hat … (Mt 6, 34) Aber erst will ich das aufschreiben. Ich vergesse immer alles so schnell. Ist das zwanghaft, das zu Papier zu bringen, nein, ins Laptop zu hacken?

18 Uhr. Predigt fertig, Postmappe gelesen, Mails abgeholt. Meine Referentin hat inzwischen für Montag alles abgesagt, damit ich zur Ärztin kann. Was ich heute Nachmittag erlebt habe, kommt mir im Moment so unwirklich vor. Als sei das ein Irrtum. Eigentlich ist doch alles völlig normal, wie immer. Soll ich U. anrufen oder K. oder A. oder meine Mutter oder meine Schwestern? Doch warum andere beunruhigen, wenn nachher womöglich alles gar nicht so schlimm ist? Aber die OP wird kommen, daran haben beide Ärzte keinen Zweifel gelassen. Also doch anrufen? Bald werden Hanna und Lea von der Ostsee zurückkommen. Sie waren mit ihren beiden Freunden eine Woche dort. Soll ich es ihnen erzählen? Oder ist nicht besser, zu warten bis Montag, dann ist die Lage viel konkreter … Und wenn alles klar ist, wen muss ich überhaupt informieren? Den Präsidenten des Landeskirchenamtes, das Kolleg, den Bischofsrat, den Ratsvorsitzenden, den leitenden Bischof der VELKD? Du liebe Zeit, das ist ja dann eine Meldung, die voll die Runde macht! Da kann ich auch gleich eine Anzeige aufgeben: Habe Brustkrebs, bin bis auf Weiteres außer Dienst!

Ich bin jetzt seit 1983 »erwerbstätig«, aber krankgeschrieben war ich noch nie, habe höchstens mal einen Tag wegen Erkältung oder so gefehlt. Hm. Im Krankenhaus war ich als Kind mit dem Blinddarm, dann zu den Geburten, als ich ein Kind verloren habe und als mir eine Krampfader entfernt werden musste. Sonst nie. Vor viereinhalb Jahren, als Hanna nur mit kräftiger Zuzahlung ihre Woche bei der Mandelentfernung in ein Zweibettzimmer kam, habe ich eine Einbettzimmerversicherung abgeschlossen. Das hat mich jeden Monat viel Geld gekostet, manchmal habe ich überlegt, das rückgängig zu machen. Jetzt bin ich heilfroh. Wenn schon, dann will ich allein sein in einem Krankenhauszimmer. Luxus, ich weiß.

26. August. Heute Morgen um den Maschsee gelaufen, ganz locker, 40 Minuten. Fit bin ich jedenfalls, wenn die gestern diesen Knoten nicht diagnostiziert hätten, würde ich es kaum glauben.

Hanna und Lea habe ich es dann gestern in aller Ruhe gesagt. Sie haben besorgt und betroffen reagiert, konnten aber gut damit umgehen. Wir haben richtig intensiv miteinander sprechen können. Ob Christian dann noch die sechs Wochen während seines NP-Praktikums hier wohnen kann, hat Lea gefragt. Ich habe ihr gesagt klar, das ist völlig okay. Mich würde eher annerven, wenn jetzt alle mit Grabesmiene um mich herumschleichen. Nico meint, ich sei tough, ich würde das schon schaffen. So sehe ich das ehrlich gesagt auch. Abends rief Sarah noch mal an und hat auch lange mit Hanna und Lea gesprochen. Seit ich mit Peter geredet habe, weil sie nicht da war, als ich anrief, verstehe ich auch besser, dass sie unbedingt kommen will. Es geht ja auch um sie, die gerne in so einer Situation bei ihrer Familie wäre, sagt Peter. Ich habe zwar vehement gesagt, sie brauche nicht kommen, aber heute beim Laufen dachte ich, da wäre ich ja genauso, ich würde da sein wollen. Aber bei mir sickert erst langsam durch, was das alles in der Konsequenz bedeutet. Mir ist klar, dass wir alle sterben müssen, aber diese theoretische Weisheit ist halt nicht gleich praktische Klugheit …

Dann habe ich U. angerufen. Sie war richtig schockiert. Aber praktisch wie sie ist, hat sie gesagt: Treffen wir uns auf einen Kaffee um 12 Uhr in der Stadt! Gut, habe ich gedacht, dann bringst du das Telefonat mit deiner Mutter vorher noch hinter dich. Erst habe ich meine Schwester angewählt. Meine Mutter wohnt in derselben Kleinstadt, es ist besser, sie weiß es, dann kann unsere Mutter darüber reden. Ursula hat bedrückt, aber pragmatisch reagiert. Und sagt, dass sie jetzt auch alle sechs Monate zur Krebsvorsorge gehen wird. Meiner Mutter fiel es schwer, das Ganze zu verkraften. Sie war ganz still am Telefon. Immer hatte sie Angst, zu früh zu sterben, bevor ihre Kinder selbstständig sind. Auch bei einer 83-Jährigen gibt es also noch diesen Schock, dass die Kinder vor den Eltern sterben könnten. Aber, sage ich, es geht im Moment gar nicht um Sterben. Es geht um einen begrenzten Tumor, der wird operiert, Metastasen sind zurzeit gar nicht das Thema. Sie erzählt dennoch Geschichten von einer Cousine, die Brustkrebs hatte, von einem alten Onkel, der Blasenkrebs hatte, von einer über 80-jährigen Nachbarin, die keine Chemo mehr machen wollte, weil die Metastasen schon überall waren. Gut, das sind wohl Assoziationsketten, die einfach auftauchen …

Hanna, Lea, Nico und Christian sind inzwischen relativ entspannt, fragen, ob ich schlafen konnte, und können darüber reden. Ich fahre in die Stadt, treffe mich mit U. Sie sagt: »Unsere Betroffenheitsbekundungen willst du jetzt bestimmt nicht hören!« Recht hat sie, ich will sie nicht hören … Lauter Leute voller Betroffenheit kann ich nicht um mich haben. Ich werde das schon packen, so gern ich OP und Chemo und all das vermeiden würde.

Nach dem Kaffee gehe ich shoppen. Beim Schneider muss ich einiges abholen und nebenbei kaufe ich mir allen Ernstes im August eine Winterjacke. Eine Winterjacke im August ist bescheuert! Aber sie ist wunderschön und wer weiß, wann ich wieder shoppen kann. Irgendwie lässt sich das doch wunderbar rechtfertigen. Zurück zu Hause befinden die Mädels den Einkauf für gut, ich schmiere mir ein Brot und gehe an den Schreibtisch. Mein neues Buch soll noch so weit wie möglich fertig werden.

Als Nächstes telefoniere ich mit meiner Pressesprecherin. »Sitzt du«, frage ich. »Nein, ich stehe.« – »Dann setz' dich besser.« Ich sage ihr, was los ist, und sie atmet tief durch: »Gut, dass ich sitze!« Wir lachen. Und dann reden wir darüber und es ist okay. Sie ist getroffen, aber wir können damit umgehen. Und wenn die Presse fragt? Ich bin dafür, zu sagen, was los ist, sonst denken sie werweißwas. Suizidgefährdung überforderter berufstätiger Mütter – das würde Eva Hermanns Frauentheorien stützen. Aber warum soll ich denn lügen? Es ist ja kein Vergehen, Brustkrebs zu haben.

Schritt für Schritt. Anruf bei K. Sie lacht erst, scherzt und wird dann ganz ernst, als sie realisiert, worum es geht. Wenn sie schon mal still ist! Aber dann wird sie ganz pragmatisch. Die Klinik ist nur eine Haltestelle weg von ihrem Haus, da kann sie kommen und wenn ich sie brauche ist sie da. Aber ob ich das wirklich öffentlich sagen soll, was es ist … Und nach ihrer Erfahrung mit Bekannten geht es eher um drei als um zwei Monate. Wir werden sehen …

Noch ein Kapitel im Buch geschrieben. Ich möchte das noch fertig bringen. Verabredet war Abgabe am 1. September. Das Kapitel geht über Heilige. Ach, damit habe ich Probleme, ich bin bestimmt keine Heilige und finde gut, dass Luther gegen das Konzept rebelliert hat. Aber dass andere für uns Vorbild sein können, das verstehe ich. In letzter Zeit habe ich so viel über Paul Gerhardt gelesen und geschrieben. Kommendes Jahr feiern wir seinen 400. Geburtstag. Ihm ist es wahrhaftig gelungen, im Leiden seinen Glauben zu leben. So ein kleiner Krebsknoten ist gegen seine Erfahrung »Peanuts«.

Jetzt fehlt nur noch A. Ihr Mann, mein Freund, der Patenonkel unserer Tochter, ist vor zwei Jahren an Krebs gestorben. Ich habe beide begleitet und Thomas auch beerdigt. Gestern war sie nicht da. Vorhin sagte ihre Tochter, es sei Besuch im Anmarsch und ich habe gesagt, ich rufe später zurück. Sarah hat aber schon mit der älteren Tochter, mit der sie befreundet ist, gesprochen. Es wird Zeit, dass A. im Bilde ist … Wie erwartet ist sie am meisten schockiert. Sie ringt nach Luft und ist fix und fertig. Aber was soll ich machen, sagen muss ich es ihr. Wir beenden das Gespräch. Später ruft sie noch einmal an, hat sich etwas gefasst. Ja, wir können sogar zusammen darüber lachen, dass der erste Gedanke in meinem Kopf war »Houston, wir haben ein Problem« und nicht »der Herr ist mein Hirte.« Aber wie gut wir wissen, dass wir lachen können, weil wir die Erfahrung von Psalm 23 eben haben … A. ist für mich da, wenn ich sie brauche. Das haben die anderen Freundinnen auch gesagt und das tut gut. Aber jetzt habe ich die Nase voll vom Telefonieren. Ich spreche noch einmal mit Sarah, die sich auch gefasst hat und jetzt rational nachdenkt, was das Beste ist. Wir verabreden, dass ich ihr Montagmittag sage, was die Ärztin im Krankenhaus meint, dann ist es bei ihr in Argentinien frühmorgens und sie kann überlegen, wie es für sie das Beste ist. Jetzt gehe ich einen alten Tatort gucken und mache eine Flasche Wein auf.

27. August. »Bewahre uns Gott, behüte uns Gott …«, dieses schöne ernste Lied. 8 Uhr 15 Abfahrt nach Groß-Liedern. Festgottesdienst zur 1000-Jahr-Feier. Auf dem Weg ruft meine Mutter an. Wie es mir ginge, in der Morgenandacht im Radio habe sie so tröstliche Verse von Jesaja gehört, aber die kenne ich wahrscheinlich. Ja, ich kenne sie … Aber ich freue mich, wie gefasst sie jetzt ist, sie kann darüber reden. Heute Abend kommt meine mittlere Schwester zu ihr, ob ich wohl um halb acht anrufen kann, damit ich es ihr selbst erzähle. Na klar. So doll reden kann ich aber nicht, mein Fahrer ist zwar sehr diskret, aber diese Geschichte will ich ihm irgendwie doch nicht zumuten. Also bin ich eher etwas verschlüsselt …

Das Festzelt ist brechend voll. Ein schöner Gottesdienst, alles ist ganz liebevoll vorbereitet. Das erste Mal seit der Diagnose werde ich etwas emotional. Wir singen »Nun danket alle Gott« – den Vers mit dem »immer fröhlich' Herz« mag ich am meisten, er bedeutet jetzt mehr als früher. »Ich sing dir mein Lied« – eine lateinamerikanische Melodie, ein so schöner Text. In der Predigt gehe ich auch auf unsere Zuversicht im Leiden ein. Wenn ich das predige, werde ich das jetzt schlicht auch leben müssen, denke ich. Und es ist ja auch so. Ich bin eher traurig darüber, dass alle, die mich lieben, das jetzt verkraften müssen. Ich selber, denke ich, werde schon damit fertig. Ich bin 48, habe alles, was sich Frauen nur wünschen können auf der Welt, Kinder, Beruf, eine schöne Wohnung. Andere Frauen in Afrika sterben mit Anfang zwanzig an Hunger und Elend und Mangel an medizinischer Versorgung.

Mich bedrückt auch die Erkrankung gar nicht so, das trifft doch Zehntausende, warum nicht auch mich. Ein bisschen Angst habe ich nur mit Blick auf die Auswirkungen der Chemotherapie. Und jetzt habe ich auch das Gefühl, ich kann diesen Knoten geradezu spüren, wie er da sitzt, und hoffe, er streut nichts durch die Gegend.

Im Gebet nimmt der Propst auch die Bischöfin in die Fürbitte auf – wenn er wüsste, wie nötig ich das gerade heute habe. Aber ich kann mich ja auch nicht hinstellen und sagen: »Vielen Dank, ich habe nämlich Brustkrebs.« Das wäre bizarr, aber ich weiß auch, den Menschen hier täte es einfach nur leid, sie mögen »ihre Landesbischöfin«, jedenfalls die meisten. Wir singen »Bewahre uns Gott, behüte uns Gott, sei mit uns in allem Leiden« ... Und ich bekomme einen wunderschönen Blumenstrauß. Anschließend besichtigen wir die Kapelle mit dem beeindruckenden Georgsaltar. Viele sagen, sie freuen sich schon auf meinen Kirchenkreisbesuch im September. Ich versuche, so zu reagieren, dass ich bei der Wahrheit bleibe, aber auch keine Beunruhigung auslöse. Ich muss einfach morgen erst einmal hören, wie der Zeitplan ist. Eine Frau sagt: »Woher nehmen Sie nur immer die Worte und auch die Kraft!« Ach, denke ich, ich hoffe, die Kraft bleibt mir erhalten! Und dann singen sie mir tatsächlich ein Ständchen zur Abfahrt.

Das Mittagessen ist nett. Danach habe ich mit Hanna und Lea eine Stunde zusammengesessen und von meinem Vater erzählt. Auf einmal war so eine Atmosphäre da, das lässt sich ja nicht herstellen, die entsteht plötzlich. Merkwürdig, wie wenig ich ihnen erzählt habe bisher. Hanna fragt dann, ob ich ihnen nicht ein paar Fotos zeigen kann, und über den Fotos haben wir so richtig nett geklönt. Danach habe ich eine Stunde wunderbar geschlafen. A. hat angerufen. Sie sagt, ich sei »statistisch falsch«, habe eine Ärztin gesagt, mit der sie heute Morgen gesprochen hat – ist ja klar, allen geht das durch den Sinn. Statistisch kriegen Frauen, bei denen keine Verwandte Brustkrebs hatte und die gestillt haben, eher nicht Brustkrebs. Und ich habe *vier* Kinder gestillt! Statistik, das sind eben auch nur Zahlen ...

Wenn ich das alles jetzt aufschreibe, ist das vielleicht auch merkwürdig. Aber ich kenne mich ja, mir hilft es schon immer, zu schreiben. Seit 1968, dem Einmarsch der Sowjets in der Tschechoslowakei, schreibe ich Tagebuch. Mit Schreiben habe ich auch schon oft Konflikte bewältigt. Ich schreibe gern. Ja, Journalistin wäre auch eine gute Berufswahl gewesen. Aber als Bischöfin habe ich ja durchaus viele Möglichkeiten zum Schreiben. Also, jetzt gehe ich an das Ikonen-Kapitel in meinem Spiritualitätsbuch.

Habe um halb acht meine Schwester Gisela erreicht. Sie ist aus Stockholm von ihrem Sohn gekommen und jetzt eine Nacht bei unserer Mutter. Die hatte das Telefonat wohl angekündigt und Gisela war ganz aufgekratzt. Als sie den Anlass realisiert hat, war sie ernst, aber ganz ruhig. Sie ist Krankenhausseelsorgerin, für sie ist das auch nichts, was total überrascht. So ist das Leben. Doch, das war ein gutes Gespräch.

Inzwischen ist Christian wieder da. Lea fragt, ob wir zusammen Tatort gucken. Und das ist dann richtig nett zu dritt: Tatort und Essen. Hanna und Lea werden morgen zuerst das Auto zur Reparatur bringen und Hanna mich dann um 10 Uhr ins Krankenhaus. Ab dann werden die Uhren anders ticken, aber es gibt wenigstens einen Zeitplan, auf den sich Kanzlei, Familie und Landeskirche insgesamt einstellen könnten. Um 13 Uhr wird Esther aus Frenswegen zurückkommen. Sie wird das Ganze dann erst auch noch einmal verkraften müssen …

28. August. Ein Knoten halt und der muss raus …
Was für ein Tag!!! Früh bin ich mit unserem Hund Ole Gassi gegangen, habe Wäsche gewaschen, die Blumen gegossen, eingekauft, Geld von der Bank geholt – wer weiß, was kommt. Um 10 Uhr bin ich mit Hanna im Sprechzimmer von Prof. H. Frau Dr. S. nimmt uns in Empfang. Sie erklärt noch einmal den Befund, und dass sie mich heute gerne »stanzen« würden. Das sei notwendig, um Gewebeproben zu entnehmen und zu prüfen, ob der diagnostizierte Knoten definitiv bösartig sei. Sie wundere sich, dass Frau W. ihn ertastet habe, der sei noch klein und tief im Gewebe … (1:0

für meine Frauenärztin, ich werde mich heute Abend bei ihr bedanken!). Frau S. meint jedenfalls, es könne sogar sein, dass ich an einer Chemo vorbeikomme. Werden keine Metastasen gefunden, könnte eine Strahlentherapie reichen, es sei denn, ich wollte unbedingt eine Chemotherapie zur Sicherheit. Hanna fragt nach dem Unterschied: Strahlentherapie bedeutet eben nur die Brust, Chemo geht auf den ganzen Körper, Ersteres hat kaum Nebenwirkungen, Letzteres zwar weniger als früher, aber doch immer noch.

Ich frage nach den zeitlichen Perspektiven. Mit der OP eine Woche im Krankenhaus, dann eine Woche Erholung und sechs Wochen fünfmal Strahlentherapie, also im Prinzip sei ich acht Wochen krankgeschrieben. Manche wollten aber früher wieder arbeiten, fühlten sich fit. Ich habe mir am Wochenende überlegt, dass das auch niemandem hilft, so ein Vielleicht oder Vielleicht-nicht. Aber vielleicht :-) kann ich ja doch mit nach Lanzarote …

Dann geht es zum Stanzen. Frau Dr. B. (ich bin baff, wie viele Frauenärzt*innen* es inzwischen gibt!) und eine freundliche Schwester bitten mich hinein. Hanna hat eben noch gesagt, es höre sich ja alles gar nicht so schlimm an, zögert aber jetzt, ob sie sich das ansehen will. Ich ermutige sie, aber zwingen will ich sie auch nicht. Sie ist also dabei und ich muss sagen, das ist auch ganz schön so. Erst wird die Brust betäubt, dann wird ein kleiner Ritz gemacht und fünfmal eine wie ich finde ziemlich eklig lange Metallnadel in den Tumor geschossen. Die Gewebeproben werden in ein kleines Kästchen gekratzt. Leider ist der dritte Schuss nicht so optimal, wir brauchen sechs Versuche. Also: Das ist nicht wahnsinnig schmerzhaft, aber ich kann mir Angenehmeres vorstellen! Die beiden Frauen sind aber sehr freundlich, erklären, fragen, ob ich okay bin. Angeschaut habe ich mir das auf dem Monitor nur einmal. Es sieht scheußlich aus, wenn diese Nadel in den Tumor schießt. Hanna guckt bei jedem Schuss nach unten, aber sie ist tapfer und kollabiert nicht. Schließlich wird ein fester Druckverband angelegt und wir können gehen. Uns beiden schlottern jetzt doch ein bisschen die Beine.

»Du kannst nie tiefer fallen als in Gottes Hand«, denke ich … Daran halte ich mich fest. Diesen Satz werde ich mir und anderen in den kommenden Wochen immer wieder sagen.

Das war der Anfang des Tagebuches, das ich geführt habe, bis ich am 1. Januar 2007 mit meiner Freundin Almut wieder in 40 Minuten um den Maschsee laufen konnte. Anfügen will ich einen kleinen nachträglichen theologischen Exkurs, der anknüpft an Gedanken, die ich als Hauptvortrag auf der Vollversammlung des Lutherischen Weltbundes 2003 in Winnipeg vorgetragen habe. Denn nach meiner Krankheit habe ich immer wieder Briefe von Menschen erhalten, die damit ringen, dass sie oder Menschen, die sie lieben, erkranken. Was bedeutet Krankheit, wie gehen wir im Glauben damit um?

Schon im Buch Hiob im Alten Testament der Bibel erfahren wir die Grenzen eines Erklärungsmusters, das Leiden als Strafe deutet. Hiob, der Gerechte, muss leiden. Und die traditionellen Antworten Hiobs tragen nicht, angesichts der Tatsache, dass Hiob nicht gesündigt hat und sich von daher sein Unglück nicht erklären lässt. Hiob versucht, sich in Gott hineinzudenken, auch wenn es allen bisherigen Interpretationsversuchen widerspricht. Die Antwort Gottes an Hiob ist der Verweis auf die Schöpfermacht, ohne dass so das Leiden erklärt wird. Die Botschaft an Hiob ist, dass auch das Leiden in den Glauben an Gott hineingenommen wird.

Im Jona-Buch kommt es dann zur klaren Abkehr vom sogenannten Tun-Ergehens-Zusammenhang: Ninive wird nicht zerstört, obwohl die Stadt es aufgrund ihrer Boshaftigkeit verdient hätte. Vielmehr erhält Ninive eine Chance zur Umkehr. Gottes Zorn über Ninive wird von seiner Reue überwunden. Gott straft nicht, sondern erweist sich als barmherzig, gütig. So zeigt sich, dass Gott nicht starr und unveränderlich ist: Es gibt eine Beziehungsgeschichte zwischen Gott und den Menschen, denen er sich immer wieder neu zuwendet, die er nicht loslässt. In ihr wird die Barmherzigkeit und Geduld Gottes sichtbar. Das Motiv der Strafe tritt auch im Gesamtzeugnis des hebräischen Teils der Bibel in den Hintergrund.

Das Zeugnis des Neuen Testamentes weist eine Deutung von Leid und Bösem als Strafe eindeutig zurück (zum Beispiel: Lukas 13,1-5). In Jesus Christus offenbart sich Gott ein für alle Mal als ein liebender Gott, der unter Verzicht auf menschliche Macht und Gewalt den Menschen Gemeinschaft eröffnet. Das können wir immer wieder schwer verstehen. Was für eine Provokation: Gott, der als Kind zur Welt kommt. Jeder und jede, die das Zusammenspiel von Schmerz und Hoffnung während einer Geburt erlebt hat, ahnt die Dimension dieser Provokation. Gott, der qualvoll am Kreuz stirbt! Muss Gott nicht ein starker Held sein, der alle besiegt? Oder einer, der über allem steht? Können wir an einen ohnmächtigen Gott glauben – oder ist das nicht geradezu lächerlich?

Die Geschichte von Jesus Christus fordert uns dazu heraus, die Allmacht und die Ohnmacht Gottes zusammen zu denken. Dietrich Bonhoeffer schreibt in seinen Briefen aus dem Gefängnis: »Gott lässt sich aus der Welt hinaus drängen ans Kreuz, Gott ist ohnmächtig und schwach in der Welt und nur so ist er bei uns und hilft uns.« Und die Auferstehung sagt: Gott will das Leiden schon in dieser Welt überwinden mit der Macht der Liebe allein – nicht mit Krieg oder durch Gewalt. Wer immer den Namen Gottes im Munde führt, sollte das bedenken! – Und das gilt besonders für diejenigen, die politische Leitfiguren sein wollen. Die Liebe ist verletzlich, verwundbar, aber sie ist auch stärker als der Tod! Von dieser Verheißung auf Gottes neue Welt leben wir. Diesem so offenbar gewordenen Gott dürfen wir vertrauen, an ihn glauben und uns ihm mit all unseren Verwundungen und Verletzungen anvertrauen. Das hat Jesus Christus verkündigt, dafür hat er gelebt und ist er gestorben und darin ist er in der Auferstehung bestätigt worden. An diesen Gott halten wir uns, das ist unser Heiland. Luther übrigens hat an der Rede vom Verborgensein Gottes immer festgehalten, um diese Erfahrung des Fremdwerdens Gottes zur Sprache zu bringen und dennoch den Glauben zu bezeugen, dass alles in Gottes Hand ist. Luther warnt gerade davor, diesen verborgenen Gott, den *Deus absconditus* ergründen und deuten und sich so Gottes bemächtigen zu wollen.

Es bleibt also beim Nachdenken, bei Auseinandersetzungen um die Frage der Allmacht Gottes und nach dem Zulassen des Leidens. Nein, bessere Antworten als Generationen vor uns haben wir nicht. Mir liegt daran, dass wir nicht versuchen, exakte oder logische Antworten zu finden, sondern den Mut haben, uns Gott anzuvertrauen, im Wissen darum, dass Gott Leben will und nicht Tod. Es geht um das Vertrauen Jesu, das Lukas bezeugt: »Vater, ich befehle meinen Geist in deine Hände« (Lukas 23,46). Jesus hat aus dem Schrei der Gottverlassenheit zurückgefunden zum Gottvertrauen. Das ist kein schneller Weg. Das ist ein Weg über Kreuz und Tod. Jesus geht offensichtlich mit Wunden in Gottes Reich ein. Er wird Thomas nach der Auferstehung keinen makellosen, unverwundeten Körper zeigen. Gerade an den Wunden erkennen die Jüngerinnen und Jünger den Auferstandenen.

Darum geht es wohl auch bei uns. Selbst wenn unsere Wunden, unsere Verletzungen, unsere Brüche im Leben heilen, bleiben sie Teil unserer Geschichte. Sie können vernarben, aber nicht aus unserem Gedächtnis getilgt werden. Es gibt kein Leben ohne Brüche, ohne Narben.

Die Jüngerinnen und Jünger gewinnen ihr Gottvertrauen zurück, als Jesus die verschlossenen Türen durchbricht. Dieses Vertrauen ermöglicht Gottes Geist, den er ihnen zusagt, den wir spüren können, wenn wir uns öffnen. In diesem Vertrauen können Wunden heilen, auch wenn Narben bleiben. In diesem Vertrauen gehen wir mitten in einer verwirrten Welt unbeirrt unseren Weg als eine Gemeinschaft der Hoffnung, die glaubt, dass die Liebe Gottes stärker ist als Hass, Gewalt, Grauen und Tod.

Als Christinnen und Christen haben wir den Mut, die Wunden anzusehen, können wir Gottes Ohnmacht und Gottes Allmacht zusammen denken. Ja, wir müssen die Gebrochenheit des Lebens aushalten, die Kreuzeserfahrung als Teil des Lebens annehmen.

In der Mitte des Lebens ist mir wichtig geworden, Krankheit und Leid und Krisen als Vertiefung anzusehen. Menschen, die nichts davon erfahren haben, bleiben meist oberflächlich, denke ich manchmal. Interessanter jedenfalls sind diejenigen, die solche Tiefen kennen, denn sie leben anders.

Es ist mir wichtig, mich an die Gefühle aus der Zeit der Erkrankung zu erinnern, sie nicht einfach abzuheften und zu vergessen. Und viele Frauen haben mir inzwischen auch ihre Erfahrungen mit einer Erkrankung geschildert, ihre Gefühle, die sehr ähnlich waren. Höhen und Tiefen, Hin- und Hergerissensein. Ich habe die OP gut überstanden, die Strahlentherapie auch. Nach acht Wochen habe ich wieder angefangen zu arbeiten.

Und es war da eben doch auch ein tiefer Einschnitt, weil ich in dieser Zeit begriffen habe, dass ich der Tatsache ins Auge schauen muss, dass meine Ehe als gelebte Beziehung nicht mehr existiert. In einer existenziell bewegenden Situation ist es nicht möglich, vor der Realität wegzulaufen. Ich hatte es verdrängt, hatte versucht, diese Erkenntnis zu ignorieren. Die Erkrankung hat mir letzten Endes den Mut gegeben, mich dieser Wirklichkeit zu stellen. Insofern kann ich im Rückblick sagen, dass ich auch dankbar bin für die Krankheit. Ich habe Grenzen gesehen, eigene Schwäche eingestehen müssen, und ich habe viel Liebe erfahren. Und als ich wieder um den Maschsee laufen konnte, habe ich auch ein großes Glück gespürt über geschenkte Zeit im Leben.

Glück genießen

Lasst uns jubeln und fröhlich sein und ihm die Ehre geben. [52]

Während meines Urlaubs im Februar mit einer Freundin auf Gran Canaria sprach mich nach einer Sportstunde eine Frau an. Eigentlich mag ich das nicht, es tut im Urlaub auch einfach gut, nicht »im Dienst« zu sein. Aber sie war so voller innerer Freude, das hat mich richtig gerührt. Sie erzählte, dass sie gerade die Augen geschlossen hatte, in den blauen Himmel schaute und dachte: Lieber Gott, danke, dass ich das erleben darf! Da habe sie ihr Mann angeschubst und gesagt: Guck mal, ein Gruß für dich. Über die Hotelanlage flog ein Hubschrauber mit dem Banner: »Jesus war da«. Irgendwie kitschig, ich weiß. Aber mich hat angerührt, wie sehr sich diese Frau über einen schönen Tag im Hotel freuen konnte. Sie konnte ihr Glück wahrnehmen, sie konnte es spüren.

Allzu oft treffe ich Menschen, die gar nicht wahrzunehmen scheinen, in welch einer privilegierten Situation sie leben. Eine Reporterin fragte mich einmal in einem Interview: »Auf einer Skala von eins bis zehn, wo sehen Sie sich mit Blick auf Glück?« Ich habe gesagt: »Zehn!«, und sie war erstaunt. Wenn ich bedenke, wie Frauen in anderen Ländern heute leben müssen, wie Frauen in Europa in den Jahrhunderten und Jahrzehnten vor mir gelebt haben, dann kann ich unsere Lebenssituation nur als glücklich bezeichnen! Noch bis Ende des letzten Jahrhunderts konnten Ehemänner den Arbeitsplatz der eigenen Frau kündigen, wenn sie meinten, diese käme den ehelichen Pflichten nicht nach. Heute können Frauen einen Schulabschluss machen, eine Ausbildung, studieren, leitende Positionen übernehmen – aus eigener Kraft, in eigener Verantwortung. Zum Glück!

Es ist einfach noch gar nicht so lange her, dass es auch hierzulande ganz anders war! Natürlich war auch in der evangelischen Kirche Gleichberechtigung nicht von vornherein angesagt. »Heiratet das Zeug doch weg!«, diesen schrecklichen frauenverachtenden Satz rief Anfang der 60er-Jahre noch ein entsetzter Pastor seinen Glaubensbrüdern zu, wird erzählt – sein Vorschlag, um die Frauenordination zu verhindern. Doch was 1927 in der hannoverschen Landeskirche ganz vorsichtig mit dem »Pfarramtshelferinnen«-Gesetz begonnen hat, ließ sich nicht mehr »wegheiraten«. Vom 1. März 1964 an gab es trotz vieler Proteste aus der Pfarrerschaft die Pastorin nach hannoverschem Zuschnitt. Noch einmal 35 Jahre später wurde eine Frau zur Bischöfin gewählt …

Eine solche Entwicklung erscheint vielen Frauen in den Ländern des Südens dieser Welt oder auch in muslimisch geprägten Ländern unvorstellbar. Der evangelische Gedanke der Freiheit hat sich gerade auch für Frauen als wegweisend erwiesen. Als im Jahr 2004 Zara K., eine junge Iranerin, die zum Christentum konvertiert war, in den Iran abgeschoben werden sollte, haben sich viele Flüchtlingsorganisationen und Hilfsgruppen dagegen gestellt. Sie war nach Deutschland zwangsverheiratet worden, hatte ihren sie schlagenden Ehemann verlassen, der flog mit dem gemeinsamen Kind in den Iran. Es gab Befürchtungen, dass Zara K. bei einer Rückkehr in den Iran etwas zustoßen würde. Vom niedersächsischen Innenministerium wurde angezweifelt, dass sie ernsthaft zum Christentum konvertiert sei. Am Ende rettete sie der Pilot der Lufthansamaschine, der sich von den ihm eilig zugefaxten Unterlagen überzeugen ließ und sich weigerte, sie mitzunehmen. Daraufhin musste der niedersächsische Innenminister unter dem öffentlichen Druck die Vertreterinnen und Vertreter von Parteien, Kirchen und Flüchtlingsorganisationen zusammenrufen, um eine Lösung zu finden. Zara K. lebt heute in Göttingen. Ihr und ihrem »Fall« ist es zu verdanken, dass es überhaupt eine Härtefallkommission in Niedersachsen gibt, die allerdings immer noch unter äußerst restriktiven Bedingungen arbeitet.

Ich erzähle dies, denn als klar war: Zara K. darf bleiben, habe ich großes Glück empfunden. Anderes Glück als bei der Geburt meiner Töchter oder deren Abiturfeiern. Ein Glück, das gespeist war von der Wahrnehmung: Du kannst etwas bewirken! Wir können die Welt verbessern. Das wird viel belächelt, auch das habe ich oft erlebt. Aber ich habe begriffen, dass Glück zweierlei bedeutet: tiefen inneren Frieden, wenn ich die Schönheit der Natur sehe, die wunderbaren Rosen, die unglaublich schönen Lilien. Und dann das Gefühl, die Erfahrung, etwas bewirken zu können durch den Besuch bei dem alten Mann in der Nachbarschaft, das Engagement für die Frau ohne Aufenthaltspapiere, das Lächeln, das ich bei der Verkäuferin auslöse. Glück ist eine Beziehungsfrage. Von mir zur Schöpfung, zu den Dingen, zum Leben, vor allem aber auch zu anderen Menschen.

In ihrem wunderbaren Roman »Ach Glück«, beschreibt Monika Maron eine Frau in der Mitte des Lebens, die am Ende einfach aufbricht. Eine Freundin hatte mir das Buch mitgegeben, als ich bei ihr in Berlin übernachtete, ich gab es wieder einer Freundin, die es meiner Tochter gab. Wir alle mochten dieses Buch, weil es nicht überheblich daherkommt, sondern Glück mit einem Augenzwinkern sieht und mit dem Mut, etwas Neues zu wagen mitten im Leben. Und weil mir das so gefiel, habe ich bei einer Sendung des ZDF-Morgenmagazins das Buch empfohlen, als ich um einen »Kulturtipp« gebeten wurde. Einige Zeit später meldete sich Monika Maron bei mir, und wir verabredeten uns zum Kaffee in den Hackeschen Höfen in Berlin – samt ihrem alten Hund, der mir sehr sympathisch war, der in dem Buch auch vorkommt und mich an meinen erinnert, Ole, der inzwischen sehr alt ist, aber eben auch ein treuer Begleiter durch die Jahre.

Das war ein wunderbares Gespräch über Gott und die Welt. Ich habe Glück dabei empfunden. Und ein Augenzwinkern, weil ich diese schriftstellerische Idee der Landung in Chile mit dem Erkennungszeichen: großer roter Hut (auf dem Kopf einer älteren Dame) wunderbar finde. Und einstimmen kann in diesen Seufzer: »Ach, Glück«. Das heißt vielleicht sogar ein bisschen sarkastisch: »Ach Glück, du überschätztes Gefühl.« Oder ganz hoffnungs- und sehnsuchtsvoll: »Ach, Glück, könnte ich dich noch mal so empfinden wie damals …« Oder traurig über einen Verlust, in wehmütiger Erinnerung: »Ach, Glück …«. Glück bleibt ja ein Ort der Sehnsucht. Ach, Glück vielleicht eben auch, weil ich mir sehr bewusst bin, dass nur fünfzehn Prozent der Weltbevölkerung in einer solch privilegierten Situation leben können wie ich, in der Nahrung, Obdach, Gesundheitsversorgung, Bildung Normalität sind. Unverdientes Glück, Gnade der Geburt zur richtigen Zeit am richtigen Ort. Solches Glück bringt auch Verantwortung mit sich, denke ich.

Wenn Jesus in der Bergpredigt auf die Lilien auf dem Feld hinweist, an denen sich der Mensch ein Beispiel nehmen sollte, dann ja wohl, um die ewige Sorge des Menschen um den morgigen Tag infrage zu stellen. »Es genügt, dass jeder Tag seine eigene Plage hat«, sagt er. Und das gefällt mir! Wie viele Sorgen machen sich Menschen, um dies und um das, um Großes, aber wirklich auch um Kleinigkeiten. Glück wahrnehmen heißt auch, sich am Kleinen freuen können, jetzt diese Muschel mitnehmen, die kleinen Narzissen im Garten kräftig gelb gegen das eklige Märzwetter anleuchten sehen, dem Eichhörnchen zuschauen, das durch den Garten hüpft. Ja, ich weiß, Kleinigkeiten. Vielleicht dann Größeres: unter der Dusche wissen, dass nahezu alle Frauen in Afrika mich um diesen Luxus beneiden – was für ein Glück, unter solchen Verhältnissen zu leben! Glück, dass ein Kind gesund aufwachsen kann. Glücklichsein ist vielleicht schlicht eine Haltung der Dankbarkeit, die nicht alles Gute selbstverständlich nimmt, sondern als Gottes Geschenk ansieht. In der Mitte des Lebens wird uns das immer bewusster. Und manchmal heißt Glück auch, etwas Verrücktes wagen, einmal aus der Reihe zu tanzen. Wie singt Katie Melua: »This is the closest thing to crazy I have ever been, feeling 22, acting 17« – das ist das Verrückteste, was ich je getan habe, fühlen wie 22, handeln wie 17. Auch das gibt es ja in der Mitte des Lebens, einmal ausbrechen, sich jung fühlen.

Ich selbst habe Glück empfunden nach der Krebserkrankung. Dieses Gefühl: Ich bin noch am Leben! Die Dankbarkeit, bewahrt worden zu sein, die war groß. Und ich habe durch die Krankheit eine Phase erlebt, in der ich zwei Monate Zeit nur für mich hatte, Zeit, zu mir selbst zurückzufinden. Ich konnte diese Zeit als geschenkte Zeit wahrnehmen. Als Zeit der Klärung. Wer bin ich? Lasse ich mich treiben von den Meinungen und Ansprüchen anderer? Wie will ich alt werden?

Heute habe ich die Balance wiedergefunden. Es hat ein paar Jahre gedauert, aber ich könnte heute wieder von mir sagen, dass ich glücklich bin. Auch das ist eine Erfahrung in der Mitte des Lebens: Du gehst durch tiefe Täler, aber du musst nicht unten bleiben, sondern du findest wieder einen Hügel, von dem aus du einen freien Blick über das Land hast.

52 Offenbarung 19,7.

Vergänglichkeit annehmen

Wenn wir älter werden, müssen wir uns mit dem Ende des Lebens auseinandersetzen. Es kommen häufiger auch wirkliche Abschiede für immer – von unseren Eltern, von Freunden, die sterben. Vor zwei Jahren erhielt ich die Todesanzeige einer Schulkameradin, mit der ich Abitur gemacht hatte. Sie starb wenige Tage nach ihrem 50. Geburtstag. Mich hat das sehr betroffen, ein so unvermuteter Abschied, ein Schock, der das Gefühl hinterlässt, manches nicht gesagt zu haben, was hätte gesagt werden sollen. Sie wollte nicht, dass wir es wissen … Die eigenen Grenzen annehmen und Abschiede ins Leben hineinnehmen, auch das gehört dazu bei der Suche nach der Balance in der Mitte des Lebens.

Grenzen akzeptieren

Ich breite meine Hände aus zu dir, meine Seele dürstet nach dir wie ein dürres Land. [53]

In der Mitte des Lebens, denke ich, gerät der Mensch ständig an Grenzen, wenn er sich nicht diese ganz grundsätzliche Frage stellt und zu einer Antwort findet – die Frage nach dem Sinn. Es gibt da diese Werbung für einen Wagen der besseren Mittelklasse. Auf einer Doppelseite ist ein Mann abgebildet, der am Abgrund steht und fragt: »Woher komme ich, wohin gehe ich?« Das ist die klassische, geradezu religiöse Frage. Und beim Umblättern geht's weiter, da ist er wieder und sagt: »Mein Auto weiß die Antwort.« Die Sinn-frage, sie wird hier wie oft mit einem Konsumartikel beantwortet. Warum nicht gleich schreiben: »Meinen Sinn, den kauf ich mir …«

Sinn aber ist etwas anderes als ein Zweck, den ich mit Sachen erreichen kann. Beim Sinn geht es tatsächlich um die Frage nach Ursprung und Ziel. »Die Sinnfrage transzendiert das positiv Ge-gebene und Bestehende. Der Sinn eines Lebens, der Sinn einer Biografie kann von außen dem Menschen nicht mitgeteilt wer-den«[54], so sagt es Martin Honecker. Als Christin finde ich Sinn in dem eigenen Geschaffensein. Der Schöpfer meines Lebens, Gott, spricht meinem Leben Sinn zu, gleich wie verwundet oder zer-stückelt es ist. Das ist eine ungeheure Bestärkung in diesem Le-ben, für mein Leben! Und durch den Glauben finde ich diesen Sinn, den Gott mir zuspricht, und der macht mein Leben ganz und gut. Das bedeutet das evangelische Reden von *sola gratia*: Heil und Heil-Werden kann mir nur von außerhalb zugesprochen wer-den. Diese Zusage erreicht den Menschen allerdings nur über eine Art zweifache Differenzerfahrung: Einerseits bin ich nicht so, wie ich sein sollte oder möchte. Die Glaubenserfahrung ist, anderer-seits: Ich werde so angenommen, akzeptiert, geliebt, wie ich bin, ohne Vorleistungen – obwohl das Gegenüber, das mich liebt, um meine Schwächen und Fehler weiß. So wird Liebe zur Lebens-praxis des Glaubens.[55]

Nach christlichem Verständnis gilt also: Ein erfülltes Leben, einen Sinn, der es trägt – den kann ich nicht selbst schaffen, er wird mir zugesprochen. Dietrich Bonhoeffer, der Theologe und Widerstandskämpfer im Naziregime, hat es so gesagt: »Wir mei-nen, weil dieser oder jener Mensch lebt, habe es auch für uns Sinn zu leben. In Wahrheit ist es aber doch so: Wenn die Erde gewürdigt wurde, den Menschen Jesus zu tragen; wenn ein Mensch wie Jesus gelebt hat, dann, und nur dann hat es für uns Menschen einen Sinn zu leben. … Der unbiblische Begriff des Sinnes ist ja nur eine Übersetzung dessen, was die Bibel ›Ver-heißung‹ nennt.«[56]

Wer nach Sinn sucht, fragt nach erfülltem Leben. Als Christin entspringt für mich dieses erfüllte Leben dem Glauben als Vertrauen in die Zuwendung durch Gott. Glaube bezeichnet nach christlichem Verständnis, dass ich mich auf Gott als mein Gegenüber verlasse. Weil Gott Beziehung sucht, ein Gegenüber sehen will, deshalb hat Gott den Menschen geschaffen zum eigenen Bilde. Nun ist mir sehr wohl bewusst, dass der Gedanke, sich auf eine Gottesbeziehung, auf Gott als Gegenüber einzulassen, für viele Menschen gerade in der Mitte des Lebens heute eher fremd ist. Es ist besonders die Altersgruppe der 25- bis 55-Jährigen, die in den Kirchenbänken fehlt. Wenn aber der transzendente Gott in meinem Leben keine Rolle spielt, dann stellt sich meist etwas ein, das gottähnlich wird. Schon Martin Luther hat das festgestellt: »Dasjenige, worauf ein Mensch sich so verlässt, woran er sein Herz hängt, ist sein Gott (oder sein höchstes Gut oder die für ihn absolute Autorität).«[57] Welche Götter haben Menschen heute? Vielleicht den DAX, über dessen Befinden wir stündlich informiert werden? Oder Gesundheit, Fitness, Geld? Gerade in der Mitte des Lebens kann die Frage nach dem Sinn und die (Neu-)Entdeckung des Glaubens eine Bewegung sein, die Antworten findet auf die Sehnsucht nach dem erfüllten Leben.

Weiter gehört dazu aber die Gemeinschaft. Vor Kurzem habe ich in Güstrow eine Ernst-Barlach-Ausstellung ansehen können. In Güstrow verbrachte der Bildhauer seine letzten Lebensjahre; Bitteres hat er dort erfahren, als »entarteter Künstler« wurde er am Ende von den Nationalsozialisten ausgegrenzt.

In einer kleinen Kapelle waren Figuren Ernst Barlachs zu sehen, unter anderem eine Auftragsarbeit, die er für Lübeck begonnen hat. Ihr Titel ist »Gemeinschaft der Heiligen«, und es hat mich sehr bewegt, die ersten drei Figuren zu sehen, die er für diese nie vollendete Sequenz geschaffen hat. Die erste Figur ist »der Sänger«. Ein junger Mann, der die Noten in den Händen nach unten hat sinken lassen. Trotzig und sanftmütig zugleich blickt er nach vorn. Ich denke an einen, der singt angesichts des

Todes. In der Verfolgung im sogenannten Zirkus der Römer vielleicht – Brot und Spiele für die einen, Leiden und Tod für die anderen. Immer wieder berichten die Geschichten, dass Menschen auch gesungen haben in den Konzentrationslagern der Nationalsozialisten, die Moorsoldaten etwa, die Verfolgten so mancher Regime. »Es bleibet dabei, die Gedanken sind frei!«. Das Singen hat da manchmal eine besondere und subversive Kraft.

Die zweite Figur, die in Güstrow zu sehen ist, das ist ein Bettler. Zerschossen die Beine. Auf Krücken mit letzter Kraft gestützt. Aber aufrecht! Der Blick ist trotzig gen Himmel gerichtet. Ein Versehrter des Ersten Weltkrieges wohl. Barlach selbst hatte diesen Krieg zunächst begrüßt und sich gewünscht, dass die Deutschen es den anderen mal »so richtig zeigen«. Aber bald begreift er das ganze Elend des Krieges. In den Augen, den vielleicht erblindeten Augen dieser Figur, ist es zu sehen. Dieser Bettler mit den leeren Augen bestätigt eindrücklich, was der Jesus in der Bergpredigt sagt: »Selig sind die Friedfertigen, denn ihrer ist das Himmelreich.«

Die dritte Figur Barlachs schließlich ist eine Frau im Wind. Einige der Figuren Barlachs sind dadurch gekennzeichnet, dass sie im Wind stehen. Diese Frau fasziniert durch eine herbe Schönheit. Und durch den Schmerz, den ihr Gesicht kennzeichnet. Was hat sie erlebt und erfahren? Welcher Wind hat ihr ins Gesicht geblasen? Der Verlust einer Liebe? Der Tod eines Kindes? Missachtung oder Krieg? Wir wissen es nicht, aber sie ist eine tief berührende Figur.

Wie gern hätte ich die anderen dreizehn Figuren von Barlach gesehen! Auf so eindrückliche Weise zeigt er schon mit diesen Dreien: Heilige sind eben nicht perfekte oder solche, die sich aufopfern im Leben. Heilige sind gerade auch die Gebrochenen, die schweren Herzens sind, die Trauernden, all diejenigen, die Jesus in der Bergpredigt »selig« nennt. Es sind Menschen, denen bewusst ist, dass sie ganz und gar auf die Gnade Gottes angewiesen sind. Kein klares, vielleicht überhebliches Leben also, sondern eines in Demut und mit gebeugtem Knie.

Die drei Figuren zeigen, wie fragmentarisch unser Leben ist. Es gibt immer wieder Schmerz und Leid. Unsere Lebenspläne werden manches Mal brutal durchkreuzt, das Lebenskonzept lässt sich nicht verwirklichen, etwas, das stabil schien, zerbricht in Scherben. Und trotz alledem ist das Leben ein Ganzes, kann sozusagen »heil werden« vor Gott. Dass ich angenommen bin auch mit dem Stückwerk, das mein Leben ausmacht; dass das Leben oft keine Erfolgsstrecke ist und gerade meine Bedürftigkeit bei Gott angesehen wird, und dass meine Grenzen der Ort sind, an dem ich Gott erfahren kann, das zeigt mir neben den Figuren Barlachs auch der Vers aus dem Psalm, der über diesem Abschnitt steht. Unser Leben wird immer fragmentarisch bleiben. Das gehört zum Menschsein.

Abschied nehmen

Wenn wir älter werden und die Mitte des Lebens erreichen, werden wir Abschied nehmen müssen von lieben Menschen. Manchmal gelingt der Abschied nach einer langen gemeinsamen Strecke, gelingt auch das Nahesein im Bewusstsein der sehr begrenzten Zeit; so habe ich es mit meinem Freund Jan Kok empfunden. Manchmal kommt ein Abschied schockierend plötzlich wie bei meiner Schulfreundin, die nicht wollte, dass wir wissen, wie es um sie steht. Dann kann man auf der letzten Strecke nicht zusammen sein … Gelernt habe ich über die Jahre, dass ein bewusster Abschied zwar sehr weh tut, aber doch bereichernd ist – sicher auch für den, der geht, und bestimmt für die, die bleibt.

Fast zwanzig Jahre kannte ich Jan Kok, das war eine gute Erfahrung einer deutsch-holländischen Freundschaft. Als deutlich war, dass das Sterben in Sichtweite geriet, habe ich ihm einen letzten Brief geschrieben, den ich nachstehend abdrucke. Wie so oft konnte ich am besten mit der Situation umgehen, indem ich sie aufgeschrieben habe, unmittelbar im Anschluss an ein langes Telefonat. Jan Kok hat sich mit der Veröffentlichung dieses Briefes noch einverstanden erklären können. Er starb am 7. Februar 2002.

Januar 2002

Lieber Jan,[58]

eben habe ich den Telefonhörer aufgelegt. Mein Telefon sagt mir, dass wir eine Stunde, 24 Minuten und zwölf Sekunden telefoniert haben! Du hast sehr schwach geklungen am Schluss …

Wie immer haben wir über Gott und die Welt gesprochen, im wahrsten Sinne des Wortes: Deine Söhne und meine Töchter, gemeinsame Freunde, Holland und Deutschland, den Ökumenischen Rat der Kirchen, die Globalisierung, den Euro. Wir haben Englisch miteinander gesprochen, ab und zu verfalle ich ins Deutsche oder du ins Französische oder Niederländische, wenn da etwas klarer ausgedrückt werden kann. Das war immer so. Und doch war es heute anders. Wir wussten beide, dass es vielleicht das letzte oder vorletzte Gespräch ist, das wir führen können. Und bei all deiner Tapferkeit bin ich jetzt doch den Tränen nahe. In dem Brief von dir, den ich heute bekommen habe und der am 23.12. in Genf abgestempelt wurde, (warum hat der nur so lange gebraucht???) schreibst du: »Meine Gesundheit bricht zusammen. Auch wenn mein Kopf noch funktioniert (jedenfalls mit all den Begrenzungen, die ich immer hatte), folgt der Körper doch nicht, insbesondere die Muskeln. Ich habe jetzt über 30 Kilo verloren.«

Wann haben wir uns eigentlich kennengelernt? Es muss 1983 bei der Vollversammlung des Ökumenischen Rates der Kirchen in Vancouver gewesen sein. Jedenfalls kannte ich dich von Weitem seit damals. Das heißt: Ich wusste, wer du warst, und du wusstest, wer ich war. Freundschaft ist zwischen uns entstanden seit meiner Wahl in den obersten Leitungsausschuss 1991 bei der Vollversammlung in Canberra. Wir haben uns damals beim Italiener auf dem Campus getroffen, und in einem Überschwang habe ich mich dir anvertraut, als du fragtest, ob ich immer so viele Oliven esse. »Nein«, habe ich gesagt, »aber ich bin schwanger und habe einfach Heißhunger darauf. Das darf aber niemand wissen, sonst kann ich nicht in diesen Ausschuss.« Du hast gelacht und sofort mehr Oliven bestellt ... So habe ich dir mein Herz ausgeschüttet, darüber, dass es doch schon umstritten gewesen war, mit drei Kindern im zentralen Ausschuss zwischen den Vollversammlungen zu sein und jetzt mit vieren im obersten Gremium ...

Wenn ich mich richtig erinnere, hast du mich von da an immer vom Flughafen abgeholt, wenn ich nach Genf kam. Besonders verbunden hat uns wohl 1992 die Wahl des neuen Generalsekretärs. Wir haben viel debattiert in deinem Büro mit anderen, gemeinsam gezittert, je an unserem Ort gekämpft und zusammen gefeiert, als es Konrad Raiser wurde.

Der Exekutivausschuss tagte bald darauf in Rumänien. Irgendwo gibt es ein Foto, das uns beide zeigt, wie wir etwas missmutig vor einer Kirche sitzen. Was für ein Treffen! Ceaucescus Bukarest war trostlos: alles Grau in Grau, kein Baum, kein Strauch. Bei dem Versuch, ein Café zu finden, landeten wir auf uralten Plastikstühlen im Stadtzentrum mit einer warmen braunen Brühe vor uns. Die Atmosphäre der orthodoxen Kirche hat uns beiden gezeigt, wie nahe sich Westeuropäer sind, ob nun aus Holland oder Deutschland, vielleicht auch, wie nahe sich Evangelische sind, ob nun reformiert wie du oder lutherisch wie ich.

Ja, die Niederlande und Deutschland, das war immer ein Thema: die kulturelle Nähe, die uns deutlich wurde vor allem im Miteinander mit Menschen aus so vielen Kulturen, aber auch die geschichtlichen Brüche, die Vorurteile, die es gibt. Erinnerst du dich an das 50-jährige Jubiläum des ÖRK 1998? Ich hatte »die Ehre«, in Amsterdam eine Rede zu halten. Und ich war fasziniert von der Leichtigkeit der Niederländer. Bis der Empfang mit der Königin kam – war das förmlich! Da hast du dann »deine« Königin heftig verteidigt, das hat mich wirklich erstaunt, da wurden kulturelle Unterschiede deutlich.

Die Hälfte deines Lebens hast du beim ÖRK verbracht. Wir haben das eben ja ausgerechnet: bei 20 Büchern, die du im Durchschnitt pro Jahr in der Herausgeberschaft begleitet hast, waren das in 30 Jahren 600 Bücher. Natürlich musste ich lachen, als du gesagt hast: »Viele musste ich ermutigen, zu schreiben, aber noch mehr davon abhalten!« Nie hätte ich – außer meiner Dissertation, aber das ist etwas anderes – ein eigenes Buch geschrieben, wenn du mich nicht ermutigt hättest. Du hast gesagt: »Du bist engagiert, das Programm zur Überwindung der Gewalt braucht eine Basis, also versuch es doch bitte. Ich bin überzeugt, du kannst es und wir helfen dir!« Und dann habe ich geschrieben und Marlin, der Lektor, sagte: »Dein deutsches Englisch sollte nicht verfälscht werden, ich gebe dir nur ein paar Tipps, lass es sonst so.« Das war klasse!

In deinem Rundbrief schreibst du: »Neulich habe ich festgestellt, dass ich für den Ökumenischen Rat und die ökumenische Bewegung mehr als die Hälfte meines Lebens gearbeitet habe. Ich schätze mich glücklich, dass die Kommunikationsabteilung meine Heimat wurde, es ist ein wundervoller Arbeitsplatz, noch heute.« Ja, ich habe das erlebt. Das war dein Ort, da war ein Kommen und Gehen. Ob unsere gemeinsame Freundin Ann-Marie Agaard aus Dänemark eine Zentralausschusssitzung ohne deinen Zigarettennachschub durchgestanden hätte? Du und Marlin Van Elderen und eure gegenüberliegenden Büros, daran erinnere ich mich gut. Du der ewig quirlige, kommunikative, bei dem alle ein und aus gingen, auch wegen dem stets gefüllten Kühlschrank, Marlin, der ruhige, der Beobachter, derjenige, der Texte bis zum i-Punkt redigierte. Zwischen euch gab es das, was man wohl Männerfreundschaft nennt. Ihr habt nie darüber gesprochen, aber es war offensichtlich. Als Marlin, der drei Jahre jünger war als du, so plötzlich an Pfingsten 2000 starb, hast du dich – so hatte ich den Eindruck – verletzt gefühlt. Du hattest ihn gebeten, dich angesichts deiner Erkrankung zu begleiten auf dem letzten Weg, und nun starb er einfach. Danach habe ich dich verzagter erlebt als vorher.

Am Telefon habe ich gefragt, was denn nun der bessere Tod sei. Kürzlich habe ich nämlich gelesen, früher habe es in Europa als Fluch gegolten, plötzlich zu sterben, weil der Mensch nichts mehr regeln, sich nicht verabschieden konnte. Heute gelte das als Segen, weil der Tod ohne Schmerzen komme. Du hast sehr eindeutig plädiert: Für dich ist es wichtig, diese Zeit zu haben. Du konntest vieles klären, gerade auch mit deinen Söhnen Frederik und Jakob manches Gespräch führen. Und du sagst: Seit dem Ausbrechen der Krebserkrankung wurden dir vier Jahre geschenkt. Vier Jahre, in denen du recht normal weiterleben konntest. Erst seit letztem Herbst hat dein Körper aufgegeben und dann wolltest du keine Chemotherapie mehr.

Weißt du, was ich bewundernswert finde? Vor sieben Jahren haben deine Frau und du sich getrennt. Eine, statistisch gesehen, »normale Sache«. Nach so vielen Jahren Ehe kommt nach dem Flüggewerden der Kinder die Trennung. Aber als du im Herbst so krank wurdest, dass es nicht mehr möglich wahr, allein zurechtzukommen, habt ihr euch wieder zusammengetan, und deine Frau, die du einst in Schweden kennengelernt hast, nimmt nun den Balanceakt von Pflege und Berufstätigkeit auf sich. Das ist für euch beide nicht so ganz einfach, das ist mir schon klar, aber ich finde, es ist großartig. Und, wie wir eben besprochen haben, spricht das auch für langjährige Ehen, die über Verletzungen und Grenzen hinweg ein Lebensbündnis darstellen.

Mich berührt sehr, wie deine Familie zu dir steht. Du sagst: »Frederik kommt nach der Arbeit oft auf einen Drink vorbei – als ob ich einen Drink nehmen könnte!« Obwohl: Rauchen kannst du offensichtlich immer noch. Du sagst: »Jakob nimmt sich die Zeit, mich in den Rollstuhl zu setzen, wenn ich essen will. Aber das Aufsetzen kostet Schmerzen.« Das kann ich mir kaum vorstellen: du im Rollstuhl. Du warst in deinem ganzen Leben nie krank. Und jetzt erwischt es dich mit solcher Wucht. Ich habe nicht erwartet, dass du das so wacker nehmen würdest.

Und wie so oft haben wir gestritten heute. Dieses Mal ging es um die aktive Sterbehilfe in Holland. »Als Bischöfin musst du dagegen sein«, sagst du, »aber ich bin dafür«. Doch, ja, ich kann das akzeptieren. Aber erst muss sich vieles ändern. Da darf es keine Zwangsernährung per Magensonde mehr geben. Da muss die Hospizbewegung gestärkt werden. Da müssen auch in Deutschland, wie du in der Schweiz, Menschen ihre Morphindosis selbst bestimmen können. Ich habe das ja bei dir gesehen: Du hast bestimmt, wie viel du brauchst und konntest so mit den Schmerzen lange Zeit relativ gut leben …

Weißt du, was ich am meisten an dir bewundere? Das ist dein Mut zum Leben. Was hast du nicht alles aus Holland erzählt, von eurem Verlagshaus, deiner Mutter, deinem Stiefvater, deiner Schwester. Wann immer etwas schwierig wurde, hast du gesagt on verra – wir werden sehen. Nimm jeden Tag, wie er kommt. So war das immer, so ist das jetzt. Manche im ÖRK konnten schwer damit umgehen, als du krank wurdest. Wenn sie es gewagt haben, dich zu fragen, hast du offen geantwortet. Aber meist haben sie krampfhaft versucht, so zu tun, als wäre alles normal, solange du immer noch stundenweise dort warst. Ich weiß, du warst froh, arbeiten zu können. Den ganzen Tag zu Hause, nur Chemotherapie, da wäre dir die Decke auf den Kopf gefallen. Aber es hat mich geärgert, wenn ich im Haus war und jemand hat gefragt: »Weißt du, wie es ihm geht?« Dann habe ich meistens gesagt: »So frag ihn doch ruhig, Jan kann das am besten selbst sagen.« Aber andererseits ist das ja normal in unserer Zeit, diese Unsicherheit im Umgang mit Krankheit, Sterben und Tod.

Marlin und du, ihr seid beide nicht diejenigen im Ökumenischen Rat, die stets im Vordergrund standen oder stehen wollten. Aber ohne euch und ohne Menschen wie euch würde der Ökumenische Rat, würde die ökumenische Bewegung nicht existieren. Und am Ökumenischen Rat hast du in den letzten Jahren viel gezweifelt und gelitten. Die Zeiten mit Philip Potter, sie waren deine liebsten. Und nun: die Sonderkommission mit der Frage, ob die Orthodoxen Kirchen im Ökumenischen Rat in Zukunft überhaupt noch mitarbeiten wollen. Außerdem ist für alles immer weniger Geld da und nur noch wenige Impulse dringen nach außen. Selbst die »Dekade zur Überwindung der Gewalt« scheint zu versickern. Da habe ich dich manches Mal enttäuscht gesehen. Und wir haben heftig debattiert, bei manchem guten Essen. Ich danke dir für so viele schöne Essen, übrigens. Das werde ich nicht vergessen. Zürich habe ich durch dich erst kennen gelernt als schöne Stadt und nicht nur als Tagungsort. Das Gleiche gilt etwa für das Jura, das ich von Genf aus immer nur gesehen habe, bis du mit mir zum Essen hingefahren bist. Mit dem Laufen hattest du es ja nicht so, da hast du mich oft aufgezogen, jaja, zwanghafte Deutsche …

Und lachen muss ich heute noch, als ich als selbstständige Frau erklärt habe, jedes zweite Mal würde ich das Essen bezahlen. Das hat dir den ganzen Abend verdorben und ich habe es nie wieder getan. Ganz glücklich bin ich, dass du zu meiner Einführung als Bischöfin hier in Hannover warst, ebenso wie Konrad und Salpy und Aruna. So war ein gewichtiger Teil meines Lebens und Engagements in der ökumenischen Bewegung da. Ich weiß, dass du deswegen eine Operation verschoben hast …

Als wir über den Film »Harry und Sally« diskutiert haben, ging es ja heftig um die Frage, ob Freundschaft zwischen Frauen und Männern möglich ist. Was wir miteinander erlebt haben, wenn auch oft über große Distanzen und Zeiträume hinweg, hat für mich eigentlich bestätigt, dass das möglich ist.

So vieles fällt mir heute Abend ein: Eine Szene, die ich nie vergessen werde, spielt in Harare/Simbabwe, 1998. Ich war davon ausgegangen – nach allen Debatten zu Recht, glaube ich noch immer – dass am Ende der Ökumenischen Dekade der Kirchen in Solidarität mit den Frauen eine Frau Vorsitzende des Zentralausschusses werden würde. Soll ich die ganze Geschichte wirklich erzählen? Sie ist teilweise ziemlich übel ... Alles war verabredet, hinter den Kulissen. Wir waren stolz, dass es klar war. Taktik und Solidarität der Frauen! Und plötzlich tauchten da Unterschriften auf für den bisherigen, orthodoxen Vorsitzenden, angeblich, um den ÖRK zu retten. Und unsere kleine, offensichtlich viel zu naive Frauentaktik war zunichte. Ich konnte das einfach nicht fassen ...

Du kamst und hast gesagt: »Du musst hier raus«. Und hast mich aus dem Campus der Universität, auf dem wir in – sagen wir »interessanten« – Umständen hausten, zum Essen mit ins Zentrum von Harare genommen. Wer saß im Restaurant? Fast alle bei der Vollversammlung anwesenden Journalisten. Und: Sowohl Janice Love aus den USA, mit der ich seit Jahren befreundet bin und die wir als Vorsitzende gesehen hatten, als auch Trond Bakkevik aus Norwegen, der Vorsitzende des Internationalen Ausschusses. Also taten wir vier uns zusammen. Das war ein wunderbares Dinner. Gewiss, kolonialer Stil, das werden wir zugeben müssen. Janice und ich haben allerdings das »große Heulen« gekriegt – was mir äußerst selten passiert! Lieber Jan, das werde ich nie vergessen: eine Amerikanerin, ein Norweger, eine Deutsche, ein Holländer – die Journalisten, die dort ebenfalls gegessen haben, hat das eher verwirrt. Danke euch Dreien, ich hätte diese Situation sonst kaum verkraftet! Janice sagt über diesen Abend übrigens genau dasselbe ...

Ja, das ist wunderbar an der ökumenischen Bewegung, diese Freundschaft über Kontinente und Nationen und Kirchen hinweg. Diese Freundschaften bestehen und tragen. Sie haben sogar über die Gräben der Welt-

kriege hinweg getragen. Du erwähnst T. K. Thomas in deinem Brief, der vergangenes Jahr in Indien starb. Er war dein persönlicher Freund. Ich könnte Aruna aus Indien erwähnen, aber auch Salpy aus Zypern, Rubem aus Rio, viele andere. Werner Simpfendörfer, der mich zu so vielem ermutigt hat, hat einmal gesagt, die Geschichte der ökumenischen Bewegung müsste eigentlich als Theologie der Freundschaft geschrieben werden.

Ich habe dich am Telefon gefragt, ob ich im Rahmen dieses Projektes schreiben darf an dich. Du hast gesagt, es sei eine wunderbare Idee, »write whatever you want« – schreib, was immer du willst. Ich werde dir den Brief schicken, bevor er veröffentlicht wird, du bist schließlich der Experte in Sachen Veröffentlichung. Ich hoffe, die Post ist jetzt schneller als bei deinem Weihnachtsbrief. Bis auf eine Postkarte ab und zu über all die Jahre, haben wir uns ja übrigens nie geschrieben. Am 21. März ist dein 60. Geburtstag. Nimm es also als eine Art vorgezogenen Geburtstagsbrief.

Und wenn wir uns dann einst wiedersehen, möchte ich mit Marlin und dir intensiv über ein Buchprojekt sprechen, bei einem guten Glas Wein und einem Essen, das uns richtig schmeckt. Wer weiß denn, wie es sein wird, dann, wenn Gott alle Tränen abgewischt hat? On verra, wir werden sehen! Bis dahin in liebevoller Freundschaft,

deine Margot

Zur Beerdigung konnte ich nicht fahren, aber als ich später einmal in Genf war, hat mir Jans Frau sein Grab gezeigt. Ich habe ihn als Freund oft vermisst und bin dankbar, dass wir so offen auch über sein Sterben sprechen konnten. Unsere Freundschaft war für mich Teil meiner Geschichte mit dem Ökumenischen Rat der Kirchen. Für die Erfahrung dort, Christinnen und Christen über Grenzen hinweg international zu begegnen, bin ich meiner Kirche tief dankbar. Sie hat meinen theologischen, geistlichen und menschlichen Horizont um Vieles erweitert.

53   Psalm 143,6.
54   Martin Honecker, Einführung in die theologische Ethik, S. 364.
55   Vgl. ebd., S. 517.
56   Dietrich Bonhoeffer, Widerstand und Ergebung, 1970, S. 426.
57   Wilfried Härle, Dogmatik, S. 56, (BKSL 560, 22ff.)
58   Der nachstehende Brief ist eine leicht redigierte Fassung von: »an einen Freund aus der Öku-
     mene.«, in: Eigentlich ein Liebesbrief, hg. v. Klaus Möllering, 2002.

Lebenslust entdecken

Manchmal empfinde ich auch mit fünfzig eine unbändige Lust am Leben. Dann beneide ich die Jüngeren nicht, weil ich die Freiheit und auch die Lebenserfahrung habe, den schönen Tag besonders zu genießen. Auch das lässt sich in der Mitte des Lebens lernen: dem Verlorenen nicht nachtrauern, das Misslungene annehmen, das Fragmentarische unseres Lebens aufgehoben wissen bei Gott. Ich schaue gern zurück und ohne Angst nach vorn. So eine Lebenshaltung lässt sich nicht täglich hervorrufen, aber es tut gut, sie zu empfinden, weil sie das Gleichgewicht gibt, die Mitte zu gestalten. Und doch kenne ich eben auch die Angst, die Belastung, die Sehnsucht nach Zuversicht und Nähe …

Nach einem Vortrag begann eine ältere Dame das Gespräch mit mir mit der Bemerkung, sie habe sich lange überlegt, wie sie mir das Folgende sagen solle. Und: Sie wolle mir sagen – ich sei für sie ein Kleinod unserer Kirche! Kritik hatte ich erwartet nach der Vorbemerkung, und dann so ein Satz. Der tut gut für längere Zeit! Aber auch unabhängiger von solcher Bestätigung zu sein, eigene Grenzen sehen, zugeben, dass etwas misslungen ist und mit Offenheit und Dankbarkeit annehmen, was eben möglich ist, um Orte und Menschen wissen, wo ich zuhause bin, für das selbstverständlich Gelingende dankbar sein, das kleine Glück im Alltag genießen – das gehört für mich zur Lebenslust.

Heimat finden

Er kam nach Nazaret, wo er aufgewachsen war.
Nach seiner Gewohnheit ging er am Sabbat in die Synagoge [59]

Der erwachsene Jesus beginnt die Zeit seiner öffentlichen Wirksamkeit; die Versuchung in der Wüste liegt hinter ihm, er hat mit dem Lehren begonnen. Damit stößt er auf, wie wir heute sagen würden, »positive Resonanz«. Was treibt ihn nun nach Nazareth? Wollte er schlicht seine Eltern besuchen? Oder ob er doch testen wollte, wie es Zuhause ankommt, was er tut und redet? Auf jeden Fall geht er nach Nazareth in die Synagoge und beginnt dort, die Tora auszulegen.

»Ist das nicht der Sohn von Josef?« Das ist doch so ein typischer Satz, den wir kennen, wenn wir erwachsen geworden sind: Ist das nicht die Kleine von Heinrich Müller? Und ist der nicht einer aus der Schmidtfamilie?

Was aber dieser Bibeltext besonders zeigt, ist die Beheimatung Jesu im jüdischen Glauben. Jesus war Jude. In der Synagoge, bei der Auslegung der Schrift fühlte er sich zu Hause. Das müssen wir immer wieder ernstnehmen, wenn wir dazu neigen, Jesus als Christen zu vereinnahmen …

Jesus kannte sich aus in der Synagoge. Das war nichts Fremdes, dort war er mit seinem Glauben beheimatet. Wir überlegen heute in den Kirchen ja oft, wie unsere christlichen Gemeinden Menschen beheimaten können. Das wäre für mich ein Ziel: dass Menschen wissen, dass jemand sie willkommen heißt und das Brot mit ihnen bricht, dass es einen gibt, der »eine zweite Meile«, ein weiteres Stück Weg mit ihnen gehen will.

»Nach Hause kommen«, das hat darüber hinaus aber auch eine eschatologische Dimension, die über dieses Leben hinausgeht. Ich weiß, wohin ich gehöre, in einem ganz existenziellen Sinn. Letzte Beheimatung, das ist nicht die Heimat in Nazareth oder Hannover oder Berlin oder New York oder Peking. Die Heimat, nach der

Jesus sucht, die der Ort der Sehnsucht der Menschheit ist, das ist die Beheimatung bei Gott. Jesus erfährt, dass er in Nazareth, seinem Heimatort, nicht wohlgelitten ist. Seine Bemerkung dazu ist nicht Arroganz nach dem Motto: Diesem »Kaff« bin ich entwachsen. Sie ist Ausdruck der Erfahrung, dass andere dich nicht verstehen mit deinem Engagement, es ist die Erfahrung der Fremdheit, die manche Christinnen und Christen machen, auch heute.

Auch die Dichterin Hilde Domin hat die Erfahrung des Exils gemacht, des erzwungenen Weggehens – 1909 geboren, Tochter eines jüdischen Rechtsanwaltes, emigrierte sie kurz vor der Machtergreifung der Nationalsozialisten. Sie schreibt: »Man muss weggehen können / und doch sein wie ein Baum«. Ich verstehe das so: Deine Wurzeln darfst du bei aller Entfernung von der Herkunft nicht verleugnen. In vielen der Gedichte Hilde Domins klingt diese Erfahrung nach, die Sehnsucht nach Zugehörigkeit.

Heimat, das kann ein Ort sein. Beheimatet kann ich in einer Liebe sein. Der Familie. Einer Erinnerung. Einer Kirchengemeinde. Und unser Glaube kann Heimat sein, und mit ihm beheimaten wir uns auch mitten in dieser so vielfältigen, sich so schnell wandelnden Welt. Der Glaube, den wir mit Worten bekennen, auf die sich Konzilien lange vor uns geeinigt haben. Der Glaube, von dem wir lesen in dem Buch, das von den Erfahrungen der Menschen mit unserem Gott erzählt. Der Glaube, dessen Lieder wir singen in der Tradition unserer Väter und Mütter im Glauben. Ja, dieser Glaube gibt uns Wurzeln und Orientierung. Er beheimatet uns, schenkt Zugehörigkeit.

Jesus, in die Synagoge nach Nazareth zurückgekehrt, biedert sich nicht an. Programmatisch liest er die prophetischen Weissagungen der Schrift und bezieht sie auf sich selbst: Er sei gekommen, um den Armen Gerechtigkeit zuzusprechen, Gefangenen die Freiheit, Blinden und Zerschlagenen das »Gnadenjahr des Herrn«. Er stehe dafür. Das ist natürlich eine Provokation in Nazareth. Was denkt er sich! Wie kann er eine prophetische Weissagung auf sich beziehen?

Aber das ist auch eine Provokation heute. Die Armen werden als Subjekte in den Blick genommen. Sie sind nicht Almosenempfänger, sondern Menschen, die Gott ansieht, und die so zu angesehenen Personen werden. Da kann unsere Kirche sich nicht zurückziehen in vermeintlich heile Welten, in liturgische Gesänge, in dogmatische Auseinandersetzungen. Nein, die Nachfolge Jesu fordert sehr klaren und konkreten Einsatz für die Gerechtigkeit mitten in dieser Welt. Und sie muss sich gerade als Akteurin im Gesundheits- und Sozial»betrieb« klar machen, dass die »Armen« nicht einfach Objekte der Diakonie sind, sondern Subjekte des Glaubens. Wie kann das aussehen? Du und ich, wir können die Welt nicht grundsätzlich ändern. Aber wir werden uns auch nicht wegducken. Wir haben gemeinsam als Evangelische und Katholiken angeprangert, dass Deutschland auf Platz drei der Rüstungsexporteure aufgerückt ist. Keine positive Rekordmarke, wahrhaftig nicht! Wir beklagen die Kriege der Welt, aber wir verdienen an ihnen! Es wird erwartet, dass bis 2010 die 30-Milliarden-Euro-Marke bei den Militärausgaben in unserem Land überschritten wird.[60] An dieser Stelle können wir aus den Ausführungen Jesu vor allem den Mut mitnehmen, aufrecht zu stehen, zu protestieren, dagegen anzutreten, dass unser Land am Elend der Minenopfer, der Bombenopfer, der Toten in den Kriegen, an unerklärten Kriegen und Bürgerkriegen der Welt auch noch verdient. Ja, da laden wir Schuld auf uns. Und wir müssen uns fragen, wie wir mit der Schuld, die wir auf uns laden, leben können. Wahrscheinlich nur durch Gottes Gnade.

Wie geht Jesus mit dem Widerstand um, der ihm entgegenschlägt? Im Grunde provoziert er die kritischen Stimmen, und er provoziert auch durch den Verweis auf den Propheten Elia, der zunächst vertrieben wird und dann doch Erfolg hatte; so erzählt es der Evangelist Lukas. Er kam nach Hause und brachte eine große Weite mit. Manchmal ist es offensichtlich notwendig, weg zu gehen, um wieder nach Hause kommen zu können und Impulse zu geben. Dabei ist die Fremde oft nicht leicht zu ertragen. Und gerade in der Fremde ist unser Glaube oft auf eine harte Probe gestellt.

Ich erinnere mich an eine Frau, deren Schicksal mich sehr bewegt hat. Vor wenigen Jahren habe ich Hilde Schneider 91-jährig beerdigt. Sie hat Schreckliches erlebt in ihrem langen Leben. Ihre Menschenrechte wurden ihr nach und nach genommen, amtlich dokumentiert ist das in ihrem Meldebuch: Als Christin jüdischer Herkunft wird ihrem Vornamen »Sara« hinzugefügt, aus der lutherischen Religion, durch »L« markiert, wird das Judentum, das »Pr« für die preußische Staatsangehörigkeit wird durch »staatenlos« ersetzt. Sie wird, wie alle Juden zur Zeit des Nationalsozialismus, zu Freiwild, der Verfolgung durch einen Staat ausgesetzt, in dem das Unrecht verwaltet wird. Der Eintrag vom 15.10.41, »unbekannt nach Riga abgeschoben«, wird 1945 lapidar verändert in »KZ-Lager«. Danach schlicht die nächsten Adressen von Hannover über Göttingen bis Bremerhaven.

Ein Leben als Datei. Zahlen, die nur ahnen lassen, für welche Demütigungen, Schrecken und Qualen sie stehen. Hilde Schneiders Leben ist in dem Buch »Zwischen Riga und Locarno« aufgeschrieben, und es hat mich besonders berührt, dass sie auf ihren schweren Wegen immer eine Bibel begleitet hat. Diese Bibel hat ihr viel bedeutet. Um diese Bibel hat sie wahrhaft mit Todesmut gekämpft – vor dem Abtransport aus dem AEG-Arbeitskommando in Riga bittet sie einen brutalen SS-Mann, ihre Bibel mitnehmen zu dürfen. Der Oberscharführer erlaubt es erstaunlicherweise: ein kurzer Moment der Menschlichkeit mitten in Gewalt und Grauen. Was Hilde Schneider aus den Lagern schildert, in die sie geschickt wurde, erschüttert mich. Wir wissen, dass die KZs Orte des Grauens waren. Wenn ein Mensch dieses Grauen dann persönlich schildert, wird das Abstrakte zum Konkreten, es berührt unser Herz, wir spüren, was wir wissen. Viele haben Hilde Schneider im Stich gelassen, auch unsere Kirche hat sie nicht geschützt, ihre Geschichte wollte nach 1945 niemand hören, wie so oft die Geschichten der Opfer verdrängt werden.

Es ist das Privileg der nachgeborenen Generationen, dass sie eine größere innere Freiheit haben, Schuld zu bekennen als die unmittelbar verwobene. Aber ich wünsche mir, dass das Versagen unserer Kirche, Menschen jüdischer Herkunft oder jüdischen Glaubens in unserem Land, ja in unserer Kirche zu schützen vor Gewalt und Unrecht, eine Mahnung an uns heute ist, nicht wegzuschauen, sondern klar und widerständig einzutreten für andere. Ich frage mich manchmal, wie wohl unsere Schuld von kommenden Generationen aufgearbeitet werden wird, etwa mit Blick auf Flüchtlinge, die aus unserem Land abgeschoben werden ...

Hilde Schneider ist einen ungeheuer schweren Weg gegangen in ihrem Leben. Mit Staunen und Bewunderung habe ich wahrgenommen, mit welcher Kraft sie das gemeistert hat, wie sehr ihr Glaube sie getragen hat. In der feindlichen Weite und Fremde, in Krieg, Unrecht und Gewalt hat ihr ihr Glaube Heimat gegeben. Viele haben nicht verstanden, wie sie dann nach dem Krieg Theologie studieren konnte, gegen die Widerstände kämpfte, die ihr Wunsch, als Frau ordiniert zu werden, ihr einbrachte. Sie hat ihre Berufung vertreten gegen diese Widerstände, sie hat Fremdheit und Einsamkeit ertragen. Manchmal heißt Christsein wohl auch, unverstanden leben, leider, und schmerzlich auch in der eigenen Kirche.

An solchen Lebensgeschichten wird mir immer wieder bewusst, dass unser Leben ein Fragment ist. Wir leben nicht vollkommen, nicht in Fülle, wir ringen und scheitern, und manchmal gibt es Gelingendes zu feiern. Unsere Beheimatung hier in dieser Welt ist eine sehr vorläufige, unsere kirchliche Beheimatung oft auch von Widerständen und Verletzungen begleitet.

Wir sehen das in der Geschichte, die Lukas von Jesus erzählt: Auch Jesus kommt nach Hause und wird nicht verstanden. Natürlich ist auch noch heute die Sehnsucht nach Beheimatung und Verstandenwerden da, die viele Menschen umtreibt. Sind wir offen für Menschen auf der Suche, versuchen wir auch, anderen ein Stück Heimat zu geben?

Die andere Frage richtet sich auf mich selbst: Was ist mein Platz im Leben? Wohin will ich gehen, was ist mein Ziel, wenn ich mir bewusst mache, wie verletzlich, wie begrenzt mein Leben ist? Es gilt, sich Zeit für diese Fragen zu nehmen.

Und schließlich: Wir müssen unseren eigenen Weg finden im Leben, auch gegen Widerstände, und Gott um Mut für diesen Weg bitten. Dabei ist zu akzeptieren, dass als Christ und Christin leben bedeuten kann, unverstanden zu sein, sich fremd zu fühlen. Ja, auch unser Leben bleibt Fragment. Auch unsere Beheimatung ist nur eine vorläufige.

In der Mitte des Lebens werden wir aufmerksamer für das Leben und die Biografien anderer, wir lernen an ihnen, können an ihnen wachsen und die Eigene gestalten. Um eigene Beheimatung geht es, um dankbares Erinnern unserer Wurzeln auch da, wo es Brüche gab und Schwierigkeiten. Beim Blick auf das eigene Leben, den eigenen Weg spüre ich Dankbarkeit – dafür, dass ich leben durfte, wie ich gelebt habe, bewahrt wurde, wo ich in Gefahr war. Dankbar bin ich auch für die schweren Erfahrungen, die mich haben reifen lassen. Dankbar für Menschen, die mich begleitet haben auf meinem Weg ins Leben und durch das Leben.

Wer so zurückblicken kann auf gute und auf schlechte Zeiten, wird die Lebenslust nicht verlieren und mutig nach vorn blicken auf neue Erfahrungen, andere Zeiten, überraschende Erfahrungen. Lebenslust ist mir wichtiger geworden im Laufe des Lebens. Wenn meine Töchter manchmal Kummer haben, versuche ich zu sagen, dass jeder Tag doch seine schönen Seiten hat – in ihren Ohren klingt das sicher altbacken und altklug zugleich …

Eine Freundin schreibt mir: »Spüren, wie viel Lust auf Leben in mir steckt, wie viel Schönheit des Lebens im Alltag, in einer Beziehung, und das auch feiern, das ist wunderbar. So ist es mir gestern gegangen. Es war ein ›scheinbar‹ unspektakulärer Vormittag mit dir und dennoch war ich so glücklich, heiter wie lange nicht – ich habe die Zeit mit dir schlicht genossen. Das kann weder frau noch man machen, aber die Kunst ist, es als solches wahrzunehmen, sich einlassen und nicht sagen, ›eigentlich‹ wollte ich heute aber … Das Leben leben, offen sein für das, was kommt, das ist eine hohe Kunst, die mir auch nicht immer gelingt, weil ich mit allem Möglichen blockiert bin – doch zunehmend bin ich offen für das Wissen, ich weiß nicht, wie viele solcher Vormittage mir noch geschenkt sein werden …«

Vielleicht ist genau das die Weisheit, die in der Mitte des Lebens langsam zum Tragen kommt: Ein schöner Tag ist ein Geschenk, ein Moment des Glücks etwas Besonderes, und wer sich freuen kann an dem, was ist, und nicht ständig nörgelt an dem, was nicht ist – hat viel verstanden von dem, was Lebenslust ausmacht. Und am Ende sich von Gott gehalten wissen und das eben wissen: Ich kann nicht tiefer fallen als in Gottes Hand. Für mich ist das die tragende Kraft in der Mitte des Lebens.

Mutig alt werden

Siehe, ich habe dir geboten, dass du getrost und unverzagt seist. Sei also ohne Furcht und Angst, denn der Herr, dein Gott, ist mit dir überall, wohin du auch gehst. [61]

Diese Worte richtet Gott an Josua, so erzählt es die Bibel. Gleich mehrfach wird dieses »getrost und unverzagt« wiederholt. Dieses »unverzagt« ist mir eindrücklich geblieben aus einer Predigt, in der ein Pastor sagte: Es braucht »Menschen, die unverzagt reden und auftreten und auch dann noch unverzagt bleiben, wenn keines Menschen Reden und Auftreten mehr hilft.« Unverzagt – das ist ein schöner Begriff, finde ich. Er macht Mut, er zeigt etwas von gutem evangelischem Trotz (auch in der Musik, die Johann Sebastian Bach diesen Worten gegeben hat!): »Tobe Welt und springe, ich steh hier und singe in gar sichrer Ruh«. [62] Nicht von ungefähr hat der Liederdichter Paul Gerhardt diesen Begriff aufgenommen:

Unverzagt und ohne Grauen
soll ein Christ, wo er ist,
stets sich lassen schauen.
Wollt ihn auch der Tod aufreiben,
soll der Mut dennoch gut
und fein stille bleiben.

Für mich gehört »unverzagt« auch in diese Mitte des Lebens. Wir haben manches hinter uns, nicht alles war gut und schön – sicher könnten wir an manchem verzagen. Ja, da hätten wir alle Lamentogesänge beizutragen. Aber wir verzagen nicht, sondern gehen mutig auf die letzte Strecke dieses Lebens! Wie lang sie sein wird – wir wissen es nicht. Aber Verzagtheit wäre eine völlig falsche Haltung, diese Wegstrecke anzugehen.

Apropos Strecke: Beim Laufen habe ich gelernt, dass manchmal die Strecke vorher viel länger erscheint als danach. Ich war immer gegen Wettbewerbe, unsportlich war ich als Kind ohnehin. Als dann aber die Idee aufkam, eine »laufende Bischöfin« wäre doch ein wunderbarer »Werbeeffekt« beim Hannovermarathon, zumindest beim Zehn-Kilometer-Lauf »Pro Toleranz«, konnte ich mich dem kaum entziehen … Der Bruder einer Freundin, ein Sportlehrer, versprach, mit mir zu laufen. Mit T-Shirts »Evangelische Kirche laufend dabei« sind wir angetreten. Vorher dachte ich: zehn Kilometer! Und der Stress und alle gucken, ob ich auch ankomme … Beim Laufen dachte ich: Ist doch eine schöne Erfahrung, ich kann mich unterhalten, die Stimmung ist gut, und Menschen am Wegesrand feuern uns an. Zwischendurch meinte mein Laufpartner, wenn ich weniger reden würde, wäre die Zeit am Ende sicher besser. Aber da habe ich doch mehr Freude an der Kommunikation als an der Minutenzahl! Und schließlich war es (immer wieder) ein wunderbares Gefühl, anzukommen. Unverzagt, das heißt auch offen sein für neue Erfahrungen. Antreten. Ausprobieren. Schauen, was da kommt.

Wenn ich ganz mutig bin, bin ich sogar gespannt auf das Sterben. Sicher, keiner und keine von uns weiß genau, wie das sein wird. Alle wünschen sich einen Tod, der unbemerkt im Schlaf kommt. Aber wäre es nicht auch gut, ihn bewusst zu erleben? Mein Idealbild ist ein Hospiz. Das eine oder andere konnte ich kennenlernen. Ich stelle mir einen Abschied vor von denen, die ich liebe, in Geborgenheit und Ruhe. Und dann ein bewusstes Loslassen dieses Lebens ... Wann immer ich Sterbenden die Hand halten konnte, habe ich erlebt: Der Tod zeigt eine große Verletzlichkeit. Aber auch viel Zärtlichkeit und Freiheit.

Dabei weiß ich: Zum Altwerden gehört Mut. Es ist ja manchmal fast merkwürdig, sich selbst alt werden zu sehen. Da fühle ich mich eben noch »fit wie ein Turnschuh« und sehe dann ein Foto von mir, auf dem die Hände Bände sprechen: Diese Hände sind die Hände einer alternden Frau ... (und ich gebe zu, eine kleine Schadenfreude habe ich empfunden, selbst bei »Madonna« zu sehen, dass die Hände ihr Alter verraten; sie ist mein Jahrgang und sieht im Übrigen zwanzig Jahre jünger aus). Und dann sehe ich wieder ein Foto von mir mit grauen Haaren und bin versöhnt damit, weil es meinem Lebensgefühl entspricht.

Beim Älterwerden kommt irgendwann unweigerlich der Tod in den Blick. Im Glauben habe ich die Zuversicht, dass er nicht das Ende ist – und das ist nicht, wie viele meinen, eine billige Vertröstung auf das Jenseits. Wer sich in der Mitte des Lebens befindet, muss sich der Frage nach dem Tod stellen. »Die *Hoffnung* auf ewiges Leben richtet sich darauf, dass dieses erfüllte Leben im Tod und durch den Tod hindurch *bleibt*, durch nichts mehr bedroht und in Frage gestellt werden kann und insofern *vollendet wird*«[63], sagt Wilfried Härle. Mit solcher Perspektive verändert sich noch einmal die Wahrnehmung der Mitte des Lebens. Ist vielleicht der Tod selbst eine Mitte, zwischen diesem Leben und der Ewigkeit? Das Entscheidende, so oder so, in den Worten eines Psalmdichters: »Meine Zeit steht in deinen Händen« (Ps. 31,16).

Ganz gleich, in welcher Phase unseres Lebens wir uns befinden: Wir dürfen glauben, dass es von Gott getragen und gehalten ist. Wer so glauben kann, strahlt eine innere Ruhe und Gewissheit aus, die sich nicht so leicht irritieren lässt von Herausforderungen und Modeerscheinungen. Und wer so glauben kann, hat den Mut, auch die Mitte zu überschreiten auf ein Ende zu, das für Christinnen und Christen eben kein Schlusspunkt ist, sondern ein Übergang.

Also bleibe ich mutig und unverzagt und geradezu auch neugierig auf das, was kommt. Nicht dass ich keine Angst hätte; es wäre doch merkwürdig, so zu tun, als wäre mir das Alter, die mögliche Demenz, eine drohende Parkinson- oder Alzheimererkrankung oder eine weitere Krebserkrankung völlig gleichgültig. »Unverzagt« heißt aber auch: mit Würde weiter und auf das zugehen, was kommt. Den Mut haben, dazu zu stehen, wie ich es immer wieder bei Menschen bewundere.

Zur Unverzagtheit gehört für mich zweierlei: Gottvertrauen und Menschenliebe. Mich hat Gottvertrauen immer geprägt. Ich bin auch überzeugt, dass Gott uns hält über die Grenze des Lebens hinweg. Wunderbar beschreibt das der Apostel Paulus, wenn er sagt: »Wir sehen jetzt durch einen Spiegel ein dunkles Bild; dann aber von Angesicht zu Angesicht. Jetzt erkenne ich stückweise; dann aber werde ich erkennen, wie ich erkannt bin.«[64] Wir stehen auf der einen Seite des Spiegels, so Paulus.

Jostein Gaarder, der bekannte Autor von »Sofies Welt«, erzählt in seinem Buch »Durch einen Spiegel in einem dunklen Wort« von Cecilie, einem Mädchen, das sterbenskrank ist und ihr letztes Weihnachtsfest erlebt. In ihrem kleinen Notizbuch notiert sie ihre Gedanken. Sie liegt in ihrem Zimmer, Weihnachtsgeräusche dringen zu ihr nach oben, ihr kleiner Bruder Lasse kommt öfter und erzählt vieles. Auf ihrer Reise auf den Tod hin lernt sie den Engel Ariel kennen. Sie spürt das Sterben nicht, die Leserin ahnt es. Cecilie begleitet Ariel auf einem Flug: »Etwas später flogen sie zum offenen Fenster zurück und setzten sich auf die Fensterbank, wo Ariel bei seinem ersten Besuch gesessen hatte. Beide blickten auf Cecilies

Bett. Sie fand es seltsam, dass sie sich selbst dort liegen sehen konnte. Ihre blonden Haare waren über das Kissen gebreitet, und auf die Bettdecke hatten sie den alten Weihnachtsstern gelegt. ›Ich finde mich auch schön, wenn ich schlafe‹, sagte sie. Ariel hielt ihre eine Hand. Er blickte zu ihr hoch und sagte: ›So, wie du hier sitzt, bist du noch schöner.‹ ›Aber das kann ich nicht sehen, jetzt bin ich doch auf der anderen Seite des Spiegels.‹ Erst als sie das gesagt hatte, ließ Ariel ihre Hand los. ›Du siehst aus wie ein prächtig gekleideter Schmetterling, der von Gottes Hand losgeflogen ist‹, sagte er.«[65]

So endet Gaarders Buch. Für mich ist das eine wunderbare Übersetzung der Frage nach Gott und dem Sinn und dem Tod. Cecilie ist auf der anderen Seite des Spiegels. Auf unserer Seite können wir uns die Trauer der Eltern, die Tränen der Großeltern, den Kummer des Bruders vorstellen. Für das Mädchen aber hat sich die Perspektive verändert. Das Stückwerk nimmt ein Ende. Sie erkennt, wie sie schon immer erkannt war. Auf solche Weise, das glaube ich, sind die Menschen, die uns in dieser Welt verlassen, jetzt auf der anderen Seite des Spiegels. Sie wissen sich erkannt und geborgen und können einen Blick zurückwerfen in Liebe.

Schließen wir also mit dem Apostel Paulus.[66] Auch in der Mitte des Lebens bleiben diese Drei: Glaube, Liebe, Hoffnung. Aber die Liebe ist die größte unter Ihnen. Darauf verlasse ich mich. Der Tod wird sein. Aber davor noch kommt diese andere Lebensphase, auf die ich neugierig bin. Vor dem Tod gibt es noch viel zu er-leben, darauf bin ich gespannt. Ich hoffe, ich kann alt werden und nicht bereuen, wie ich gelebt habe. Es war so, wie es war. Mit dem Kreislauf des Lebens kann ich mich einverstanden erklären.

Ich hoffe auf einen ruhigen Tod ohne zu viel Leiden. Und wenn Leiden unvermeidlich ist, hoffe ich auf die Kraft, die ich dafür brauche. Solche Kraft ist immer Geschenk, Gnade. Das ist mir oft bewusst, wenn ich im Vaterunser bete »… denn dein ist die Kraft«. Dass ich Lebenssattheit und -zufriedenheit spüren werde, wünsche ich mir. Sie ist erfahrbar und erlebbar, wo ich dankbar zurückblicken kann und neugierig bleibe. Das Bewusstsein, das Leben aus Gottes Hand genommen zu haben, von Gott gehalten zu sein in diesem Leben und es eines Tages in Gottes Hand zurückzugeben, nie tiefer fallen zu können als in Gottes Hand, das gibt mir das Gleichgewicht, das ich in der Mitte des Lebens brauche.

59 Lukas 4,16.
60 Vgl. Hans Leyendecker, Ein bisschen Krieg, in: SZ 16.06.08. S. 1.
61 Josua 1,9.
62 Evangelisches Gesangbuch 396,3.
63 Wilfried Härle, Dogmatik, Berlin 2000, S. 646.
64 1. Kor. 13,12.
65 Jostein Gaarder, in: Durch einen Spiegel, in einem dunklen Wort, Carl Hanser Verlag, München Wien 1996, S. 152.
66 1. Korinther 13.

Das Gebetbuch
für Frauen unserer Zeit

Margot Käßmann (Hg.)
In Gottes Hand gehalten
Frauengebete
220 Seiten | Flexcover
mit Leseband
ISBN 978-3-451-32437-6

Margot Käßmanns Gebetbuch ist ein Wegbegleiter für Frauen
und ein Bekenntnis zur Kraft des Glaubens in unserer Zeit. Mit
Gebeten von und für Frauen aus aller Welt und aus der eigenen
Feder Margot Käßmanns.

In jeder Buchhandlung

HERDER
Lesen ist Leben

www.herder.de